怖い心理テスト

あなたの中のサイコパス

雨がっぱ少女群
協力：西浦和也

TAKE SHOBO

はじめに

サイコパス――良心を持たず、他人に決して共感することなく、平然とウソをつく人々。そして、彼らはときに社会を恐怖に陥《おとしい》れる猟奇殺人者となり、欲望のままに罪なき人々の命を奪い去る。いわば人間の皮を被った狂気の怪物《モンスター》です。

しかし、その数は同級生のうちに最低でも1人はいると言われています。そう考えると、あなたの周囲にサイコパスはいないと言い切れますか？

本書で紹介する心理テストは、そんな狂気の心を炙り出すために作られたもの。

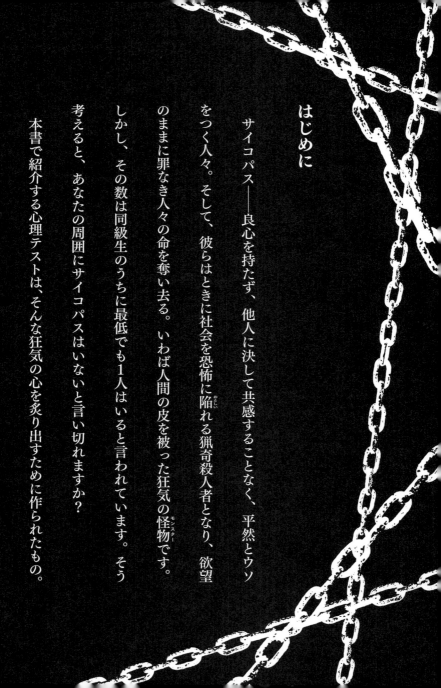

世界を震撼させた凶悪犯罪者たちは、軒並み〝異常な回答〟をしたといわれています。

このテストを家族や友人たちと試してみるときは十分にお気をつけください。

意外な人物がサイコパスかもしれません。

そう、たとえばあなたも……。

引き返すなら今しかありません。くれぐれも狂気のトビラを開いてしまわぬよう、皆様の無事を祈ります。

contents

はじめに　2

アナタの深層心理に眠る"殺し"の衝動
凶悪心理診断　6

Question1～48　9～170

あなたのまわりにいませんか？
サイコパスの口癖　12　26　38　62　70　78　98　106　130　142

あなたのまわりにいませんか？

サイコパス10タイプの見破り方　16　30　42　66　74　90　102　110　138　162

サイコパスはこうして出来る

おねしょを叱りすぎるとシリアルキラーになる⁉ 46
デキる人ほどサイコパス⁉ 156

サイコパスFILE

アルバート・フィッシュ 34
ゲイリー・リッジウェイ 58
エドモンド・ケンパー 94
アーサー・ショークロス 114
アンドレイ・チカチーロ 126
ジェリー・ブルードス 146
ジョン・ゲイシー 166

あなたの中のサイコパスを決定付ける
20のチェックリスト 172

アナタの深層心理に眠る“殺し”の衝動

凶悪心理診断

FLOWCHART OF PSYCHOPATHS TYPE

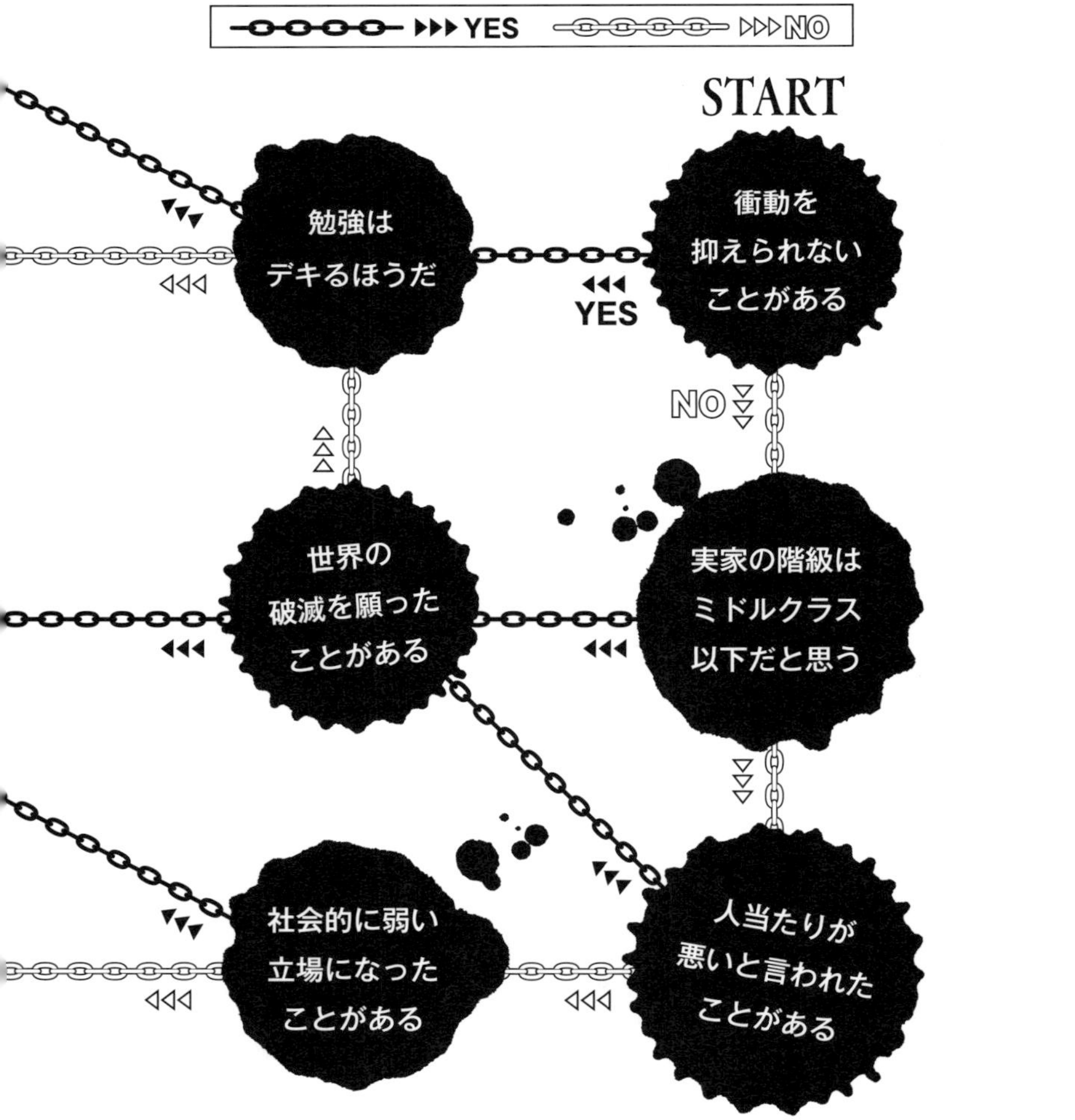

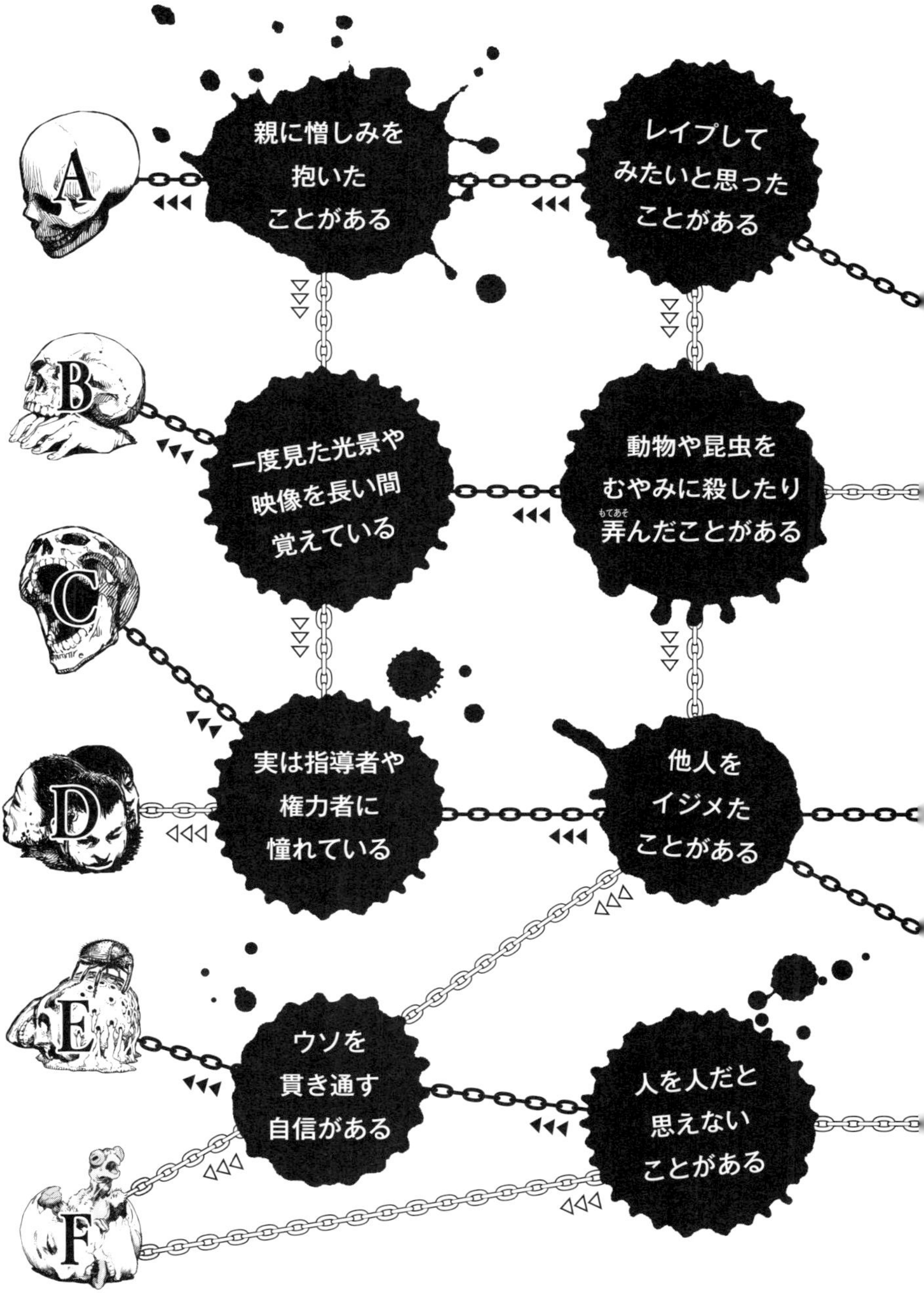
A
B
C
D
E
F
親に憎しみを抱いたことがある
レイプしてみたいと思ったことがある
一度見た光景や映像を長い間覚えている
動物や昆虫をむやみに殺したり弄《もてあそ》んだことがある
実は指導者や権力者に憧れている
他人をイジメたことがある
ウソを貫き通す自信がある
人を人だと思えないことがある

このテストでわかるのは……

あなたの心の中に眠る猟奇犯罪者です

A のあなたは…	**【ヘンリー・リー・ルーカス】型です** Aになったあなたは【ヘンリー・リー・ルーカス】と似た思考を持っています。ルーカスは「俺にとって人間なんて、ただの白紙さ」と答えた典型的なサイコパス。殺人行脚を続けて、強盗・レイプ・食人など、人間とは思えぬ所業を繰り返しました。虚言癖が強く、連続殺人を行なう危険性がもっとも高いサイコパスといえるでしょう。
B のあなたは…	**【少年A（酒鬼薔薇聖斗）】型です** Bになったあなたは【少年A】に近いでしょう。日本では説明不要の猟奇犯罪者です。最近開設した自身のホームページを見てもわかるように自己顕示欲が強く、世間に対して何らかのメッセージを送る傾向があります。自分でも気づかないうちに、普段はおとなしい性格を装っていますが、人には言えない趣味嗜好を持ってはいませんか？
C のあなたは…	**【麻原彰晃】型です** Cになったあなたは【麻原彰晃】のようなカルト教祖の素質を備えているかもしれません。弱者（部下や後輩）に対して非常に威圧的な反面、自分よりも強い権力者（社長や総理大臣）には頭があがりません。それは自身が弱者としての立場になったことがあり、その過去に対して異常に固執しているせい。思い当たる方は要注意です。
D のあなたは…	**【エリック・ハリス】型です** Dになったあなたは【エリック・ハリス】に近い爆発型のサイコパスかもしれません。彼は1999年にアメリカのコロンバイン高校で銃を乱射したうちのひとりです。日常的にイジメに遭っており、うっ屈した思いを友人のディラン・クレボルドとのみ共有していました。閉鎖的な人間関係と危険な思想が結びつくと、凶行に繋がる危険があります。
E のあなたは…	**【リジー・ボーデン】型です** Eになったあなたは【リジー・ボーデン】の考え方に近そうです。1892年に実父と継母をオノで惨殺したとされ、裁判にかけられましたが結局無罪。状況証拠ではかぎりなくクロでしたが、彼女は裁判で顔色ひとつ変えずに自身の無実を主張しました。それはウソとも思える話を一貫して譲らず、真実にしてしまったといわれています。
F のあなたは…	**【一般人】です**

Question 1

ある一軒家で殺人が行われた
若い夫婦とその子供
死体はダイニングで発見された
不思議なことに…
犯行後犯人のあなたは1日以上この家に滞在していたらしい
あなたはなんのためにこの家に留《とど》まっていたのだろうか?
どうぞお答えください

・人目を避けるため
・犯行時間を曖昧にするため
・金目のものを探すため
などと答えた方は正常です
異常者の回答
家族団らんを眺め
楽しむため

解説

サイコパスの起こした事件で共通している事に「**自分の行いに対する達成感への執着**」があります。それは死体を切り取って持ち帰ったり、事件記事をスクラップしたりして、達成感を繰り返し何度も味わおうとするものです。あなたは死体を並べ、それを長時間眺めることで達成感を反芻《はんすう》していたのでしょう。

また、家族の死体を並べるという行為は、あなた自身の生い立ちに何らかの問題があって叶わなかった家族団らん欲求を、このような形でこの家族に求めたのかもしれません。

あなたのまわりにいませんか？

サイコパスの口癖

人（俺）のせいにするな。

▼▼▼ 自分が悪いとはいっさい思わない

NO.001

Question 2
あなたの彼はいわゆるDV男
付き合い始めの頃は優しい顔をしていたが
深い仲になった途端…
態度は豹変
あなたに金銭を貢がせ
些細なことで暴力を振るうようになった
結局 彼女は耐えられず別れたが――
しばらくして男に新しい恋人ができた
それはあろうことかあなたの親友の花子だった
2人は付き合いだして日が浅いらしく
まだそれほど深い仲にはなっていないようだった
そこであなたは花子を呼び出すと――
その場で殺してしまった
それはなぜだろう?
どうぞお答えください

・彼を奪われた
気がしたから
・花子が話を聞いて
くれなかったから
・昔の恨みを
思い出したから
などと答えた方は正常です
異常者の回答
親友の花子を
元彼から守るため

解説

異常者の場合、**歪んだ正義感**によって、「彼女が不幸になる前に殺してあげよう」と思うそうです。

オウム真理教で「ポア（相手の魂の救済）」の名のもとに行われた殺人も、同様の論理で、こうした異常者が起こした事件では、よく見られる傾向なのです。

サイコパス10タイプの見破り方

・普段から明るく活発な雰囲気
・会社や学校ではリーダータイプ
・すぐ興奮してトラブルを起こしやすい
・キレると暴力をふるうことも多い

明朗快活タイプサイコパス

NO.001

解説

この手のタイプはいわゆる感情の起伏《きふく》が激しく、学校や会社でリーダーポジションにいることもあります。普段は活発で社交的なので、表面上は何も問題なさそうに見えますが、いったんキレると手がつけられないほどに理性を失います。こうなると周囲が抑えることが難しく、非常にやっかいなサイコパスです。

実在の凶悪犯でいうと……

ロドニー・アルカラ（1943〜）

IQ160を超える天才で、少女の強姦殺人を繰り返した社交的な凶悪犯。

Question 3

Ｗｅｂデザイン会社に勤めるあなたは、
動物愛護を訴えるサイトのリニューアルを依頼された。
クライアントの要望は、
〝コンプライアンスを保ちながら、もっとアクセス数を増やすこと〟。
そこで、あなたは自宅で飼っている子猫を使って
何かいい方法はないかと考えた。
おかげでサイトのアクセス数は一気に上昇。
クライアントや社内での評価もうなぎのぼりだ。

いったいどんな方法でアクセス数を伸ばしたのだろう？

◀◀◀どうぞお答えください

ANSWER

・子猫のカワイイ写真を掲載した
・自分の子猫を育てるブログを作った
・自分の子猫を売りに出した

などと答えた方は正常です。

異常者の回答

子猫が瀕死《ひんし》の状態になるまで傷つける様子を写真に撮り
それを逆の順番に貼っていくことで
虐待された子猫を保護して回復するまでのサイトに仕立てあげた

解説

サイコパスは**目的を達成するためには手段を選びません**。罪悪感すら抱かずに、世間の目を引きやすいセンセーショナルな美談を偽造できるのです。それが、たとえ自分が飼っている動物だとしても、自分が出世して満足感を得るための道具としてしか考えないでしょう。

Question 4

ある日、結婚を機に上京していた妹のA美が実家に戻ってきた。
妊娠中の赤ちゃんを出産するためだった。
出産予定日は1ヵ月後。
兄のあなたはおなかの大きくなったA美を見ているだけで
無性にイライラした。
ついにあなたは衝動的にA美をナイフで刺し殺した。
絶命したA美の赤ちゃんが気になったあなたは
腹部を引き裂いて血まみれの赤ちゃんを取り出した。
まだ赤ちゃんは生きている。

あなたは赤ちゃんをどうしただろうか?

◀◀◀どうぞお答えください

・殺人をアピールするため、人目のつくところに捨てた
・興味がないので、そのまま放置しておいた

などと答えた方は正常です。

ANSWER

異常者の回答

赤ちゃんはまだ人じゃないから、頭を踏み潰して殺した

解説

衝動的に殺人を犯すサイコパスは、**生命という概念が非常に希薄**です。なかには人間や動物の形をしているか否かだけで生命だと判断する者もいます。サイコパスにとって、まだ完全な人に見えない赤ちゃんは生命ではありません。そのため、あなたは雑草を踏み潰すかのように赤ちゃんを殺害したと考えられます。

Question 5

ある日の深夜、
ひと気のない街をあなたはブラブラと散歩をしていた。
そのとき、1人の酔った女性が前から歩いてきた。
大きめのショッピングバッグで両手はふさがっている。
あなたは突発的に女性を殴り殺した。
この時間帯に車が通ることはまれだったが、
この日は運悪く1台の車が通りかかった。
不審に思った運転手が車を降りて近寄ってくる。
あなたはその車に他の人間が乗っていないかを確認すると、
その運転手も殴り殺してしまった。

なぜあなたは運転手も殺してしまったのだろう？

どうぞお答えください

・自分の顔を見られたと思ったから
・運転手に攻撃されると思ったから

などと答えた方は正常です。

ANSWER

異常者の回答

逃走用の車がほしかったから

解説

この場合、あなたが殺したくなった相手はショッピングバッグを抱えた女性であり、運転手は殺人の対象として認識されません。むしろ目に入ったのは車という逃走に最適な道具。運転手はあなたが逃げるため、**邪魔な存在だったという理由だけで殺害されてしまった**と考えられるでしょう。

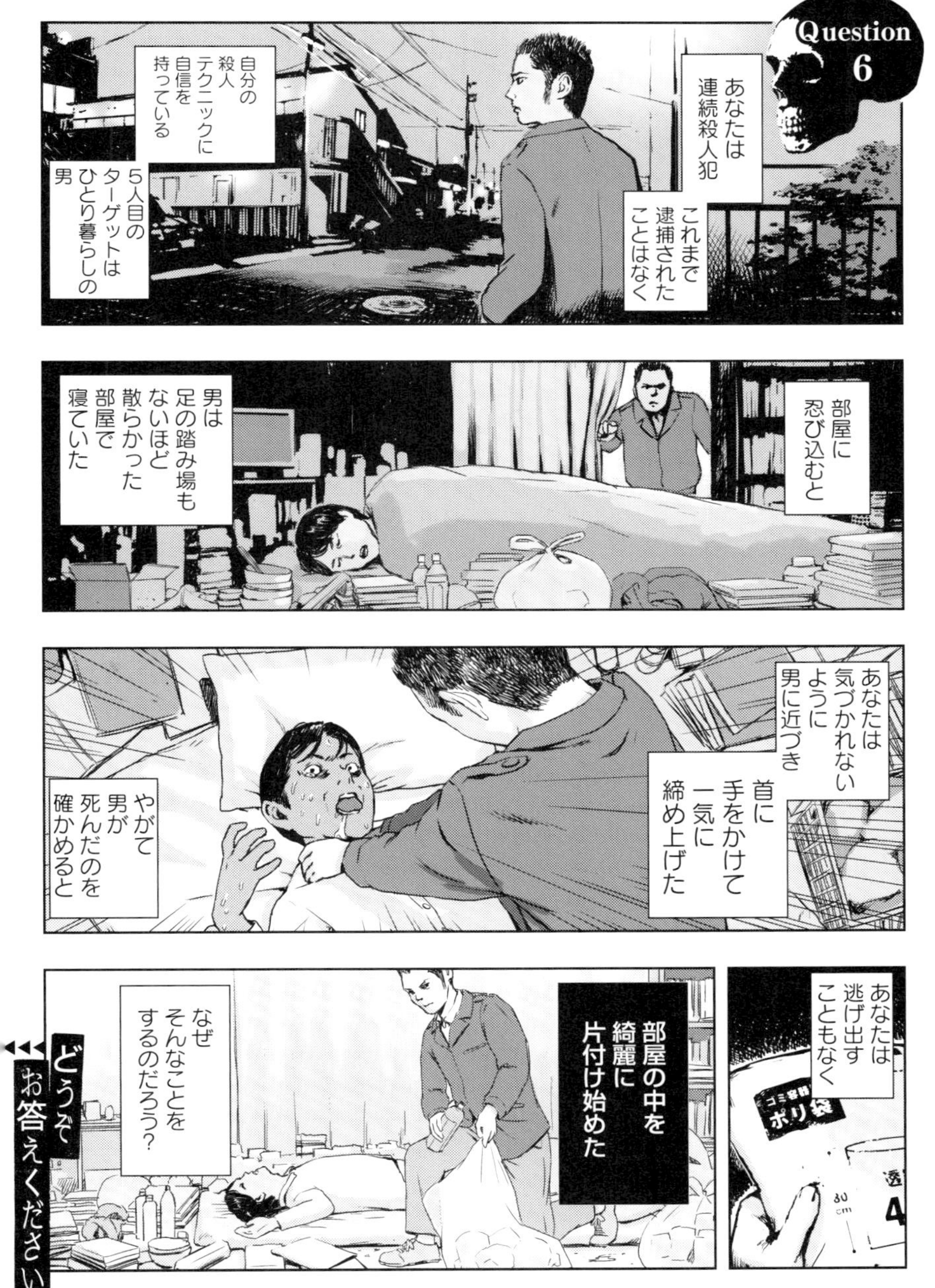
Question 6
あなたは連続殺人犯
これまで逮捕されたことはなく
自分の殺人テクニックに自信を持っている
5人目のターゲットはひとり暮らしの男
部屋に忍び込むと
男は足の踏み場もないほど散らかった部屋で寝ていた
あなたは気づかれないように男に近づき
首に手をかけて一気に締め上げた
やがて男が死んだのを確かめると
あなたは逃げ出すこともなく
ポリ袋
部屋の中を綺麗に片付け始めた
なぜそんなことをするのだろう？
どうぞお答えください

・証拠を隠すため
・金目のものを探すため
・犯人像をわからなくするため
などと答えた方は正常です
異常者の回答
記念すべき5人目の犠牲者に散らかった部屋はふさわしくないから

解説

快楽殺人犯の多くは、外部に対して**自ら起こした事件を誇示したがる**傾向があり、それぞれが自分の美学に沿った形で犯行を行います。この場合、犠牲者は記念すべき5人目。なのに、散らかった部屋に冴えない男の死体が転がっているという事が、あなたの美学的には許せなかったのでしょう。

あの少年A（酒鬼薔薇聖斗）も、遺体の首を学校の門の上に飾るという行為に及んでいます。おそらくあなたもこの後、冴えない男の死体に何らかのデコレートをすると思われます。

あなたのまわりにいませんか？

サイコパスの口癖

気持ちがわからないの？

▼▼▼自分の気持ちへの無理解に憤る

NO.002

Question 7
ある日 あなたが 息子と 散歩をして いたときのこと
ふとあなたが 目を離した 瞬間
ハンドル操作を 誤った車が
息子をはねた
全身 血にまみれ
頭から 白い魂が こぼれ落ち
ぴくりとも 動かない
すぐに 救急車で 病院へ 搬送したが
息子は そのまま 死んでしまった
泣き崩れる 妻を
あなたはそっと 病院から 連れ出すと
近くの ラブホテルへ 入っていった
この状況で なぜ そんなことを するのだろう?

どうぞお答えください

・かわりの子供を
つくるため
・悲しくて人肌が
恋しかったため
・妻を慰めたかったから
などと答えた方は正常です
異常者の回答
記憶が薄れて
しまわないうちに
性行為におよび
以後
性行為のたびに
息子の死体を
思い出せるように

解説

快楽殺人者の傾向が強い人は、実際に犯行に及ばなくても「死の瞬間」や「損壊した死体」を見ることで、充分な快楽を得ることができます。

この**快楽は食欲や性欲と同等**で、死体を見て得た快楽（興奮）を性的行為に重ねる事で、今後、行為の度に息子の無残な姿を思い出せるようにしたのでしょう。

これと同様で、小説や映画・ドラマで知られる『ハンニバル』のレクター博士は、殺した相手を食事の度に思い出せるよう、相手を食べたと推察できます。

サイコパス10タイプの見破り方

NO.002

三日坊主タイプサイコパス

・内向的であまり会話は得意ではない
・何事も飽きやすく、転職や浮気を繰り返している
・反省するときはわりと素直
・言いわけがうまい

解説

再犯率の非常に高い窃盗犯。その動機に多く見られるのが「仕事を辞めてしまって食えなくなった」というもので、『三日坊主タイプサイコパス』の典型例だと考えられます。窃盗だからと思って侮ってはいけません。ここに異常性癖などが加わると、世間から日立たずに犯行を重ねる凶悪犯になりかねないのです。

実在の凶悪犯でいうと……

チャールズ・ハッチャー（1929〜1984）

逮捕のたびに精神異常を理由に釈放され、強姦殺人を重ねた再犯キング。

Question 8
全国で子供や大人の行方不明事件が続発した
当初 警察は単純な失踪事件と見ていたが
やがて同一犯による連続誘拐事件ではないかと疑うようになった
そんな最中再び10歳の少女が行方不明になった
必死の捜索にもかかわらず少女の行方は杳《よう》として知れず
数日後犯人のあなたから少女の両親にある物が届いた
それは何か?
どうぞお答えください

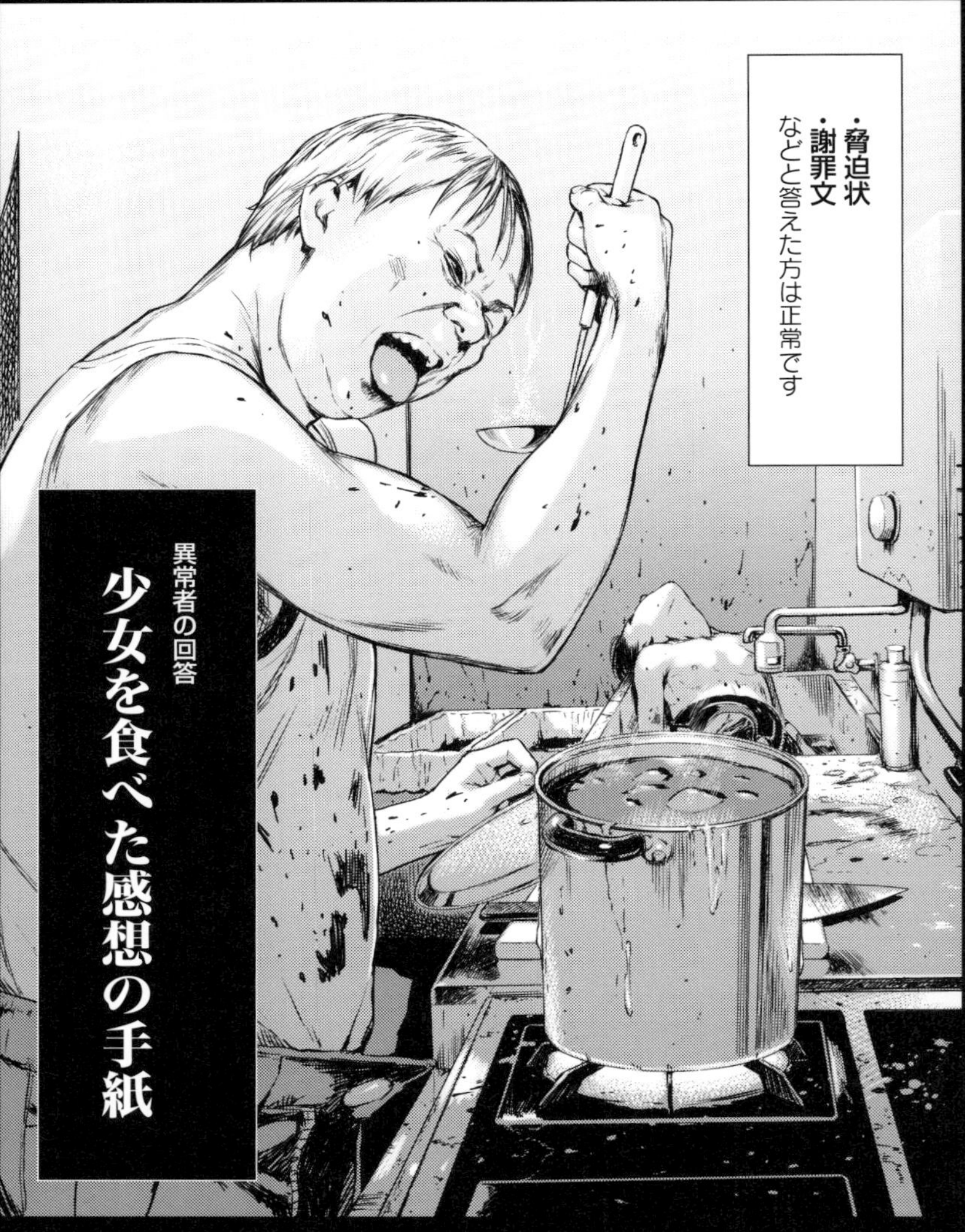
・脅迫状
・謝罪文
などと答えた方は正常です
異常者の回答
少女を食べた感想の手紙

解説

サイコパスは、**自分の行動を他人に知らしめたいという願望が強く**、時として危険を冒してまでも、こうした行動を起こすことがあります。

この事例は、1910年~1930年代、アメリカで400人を殺し、『満月の凶人』と恐れられた食人鬼、アルバート・フィッシュのものです。彼は被害者の両親に送りつけた手紙の中で「オーブンで焼いた少女のおしりの肉はうまかった」といった内容を書いています。

快楽殺人者の多くは、その生い立ちで虐待を受けていた事実があります。サイコパスの場合、日々、苦痛を受けるうちに、それが快楽へと変貌し、「自分と同じく、相手もそれを望んでいる」という歪んだ概念を持ってしまい、こうした殺人鬼になるのではないかと言われています。

サイコパスFILE
NO.001

アルバート・フィッシュ

（1870～1936）

アメリカ・ニューヨーク州ワシントンD.C.生まれ。『満月の狂人』や『ブルックリンの吸血鬼』などの異名を取るアメリカ史上最悪の猟奇殺人者。孤児院でムチ打ちを受けたのがきっかけでマゾ嗜好に目覚める。結婚をして6人の子供をもうけるも離婚。狂気は暴走を始め、自分の子供たちに釘のついた板で尻を叩かせたという。1910年から約25年間でおよそ400人を殺害。犠牲者の多くは黒人の子供で、時間をかけて拷問したり、その人肉を調理して食べたりもした。公判中に弁護士に送りつけた手紙では4歳の少年の調理法を詳細に記述。究極のマゾであるフィッシュは、最終的に電気椅子で処刑されるとき、「楽しみです。電気椅子はまだ試したことがありませんからね」と話したという。

Question
9
ある日
あなたは街で
自分の彼氏が
見知らぬ女と
いるところを
目撃した
自分の
専用シート
だったはずの
彼の助手席
ショックを受けた
あなたは翌日
彼の車に
ガソリンを撒き
火をつけた
ところが
不思議なことに
その時のあなたに
怒りの表情は
見られなかった
あなたはなぜ
穏やかな顔を
していたのだろう
どうぞ
お答えください

・彼に復讐できたから
・気分がすっきりしたから
・他の女が乗った車を
処分できたから
などと答えた方は正常です
異常者の回答
自分のテリトリーを
守れたから

解説

サイコパスは「自分の大事な物を奪われたくない」という**防衛本能が異常なまでに強い**と言われています。これは、物や人に限らず、思い出などにも当てはまることで、それを守るための行為はどんな事でも〝普通の事〟と認識しているのです。

子供が大事なおもちゃを取られないよう、自分の手すら届かない場所に隠してしまうのと同じで、あなたは車の助手席という自分のテリトリーを取られたくないためにやった、当然の行為にしか感じていません。そのため、あなたに罪悪感はなく、このあとも何もなかったように彼と付き合っていけるでしょう。

あなたのまわりにいませんか?

サイコパスの口癖

伝わらないならしょうがない。

説得する気がない、または途中で飽きる

NO.003

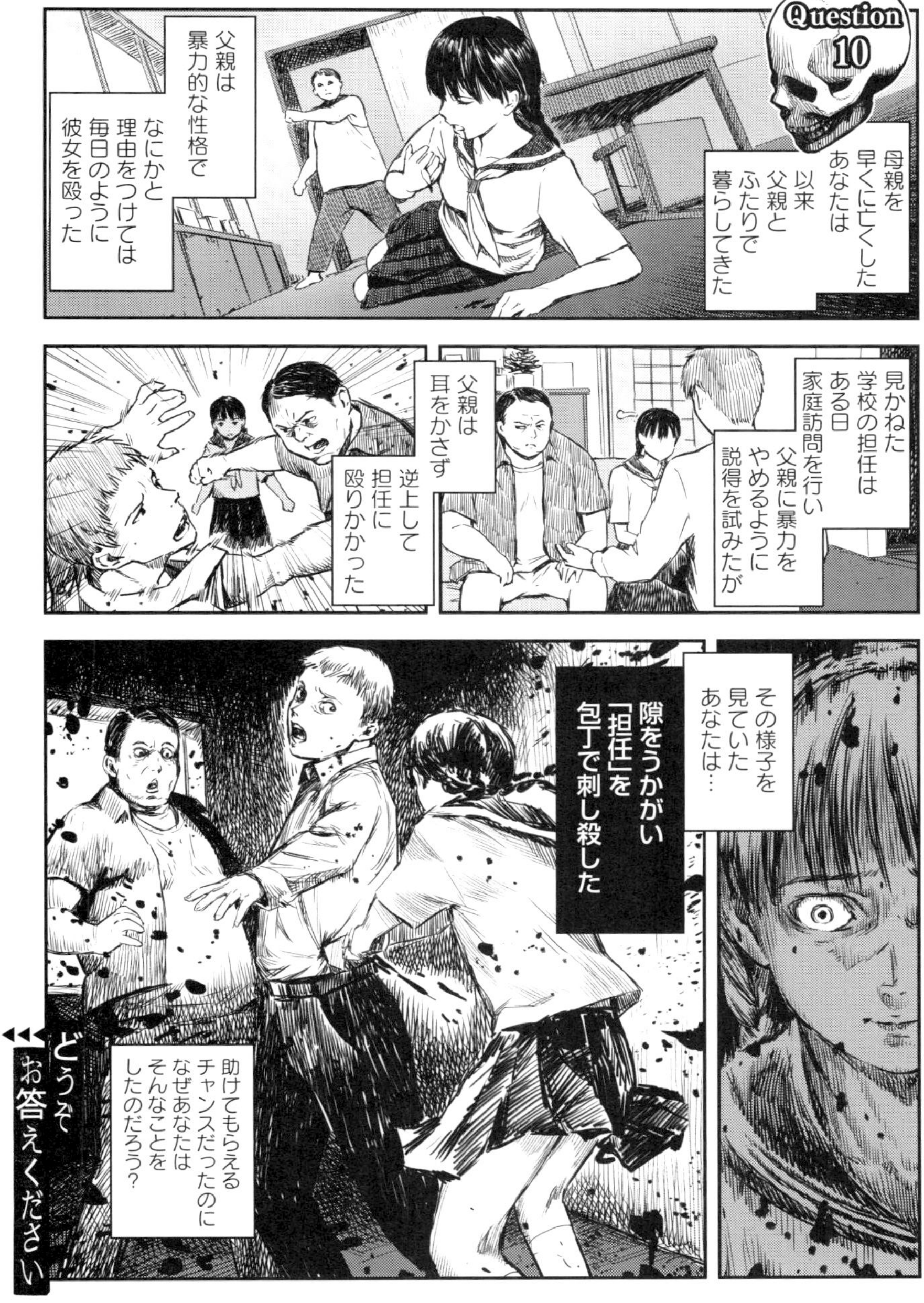
Question 10
母親を早くに亡くしたあなたは
以来父親とふたりで暮らしてきた
父親は暴力的な性格で
なにかと理由をつけては毎日のように彼女を殴った
見かねた学校の担任はある日家庭訪問を行い
父親に暴力をやめるように説得を試みたが
父親は耳をかさず
逆上して担任に殴りかかった
その様子を見ていたあなたは…
隙をうかがい「担任」を包丁で刺し殺した
助けてもらえるチャンスだったのになぜあなたはそんなことをしたのだろう?
どうぞお答えください

・父親が怖かったから
・父親以上に学校が嫌いだったから
・殴られても父親のことが好きだったから
などと答えた方は正常です
異常者の回答
自分の存在理由を奪われると思ったから

解説

一般的には「虐待を受け続けていると、恐怖心で逆らえなくなる」と分析されていますが、サイコパスの場合は、**逆境の中に自らの存在理由を見いだし**ます。つまり〝暴力を与える父親とそれを受ける自分〟が一対として成立しているわけで、あなたの中では殴られているわけでは無く、殴らせているのです。

この場合、担任はその存在理由を奪う外敵になるので、あなたから見れば排除するのが当然となります。

サイコパス10タイプの見破り方

NO.003

▼▼▼無感情タイプサイコパス

・ゴキブリやネズミを平然と殺せる
・電車の優先席は誰であろうと譲らない
・自分の将来について何も考えていない
・親族が亡くなっても動揺すらしない

解説

同情や羞恥、良心などが著しくかけており、凶悪犯罪者にもっとも多いタイプだといわれています。このタイプは幼児期から窃盗や詐欺などの犯罪に手を染めることが多く、有名な精神医学者であるクレペリンは「社会の悪」とさえ称しました。ときには自殺未遂を繰り返すこともあります。

実在の凶悪犯でいうと……

▼▼▼**メアリー・ベル**（1957～）

当時11歳の少女でありながら、3～4歳の幼児を次々と殺害した生粋のサイコパス。

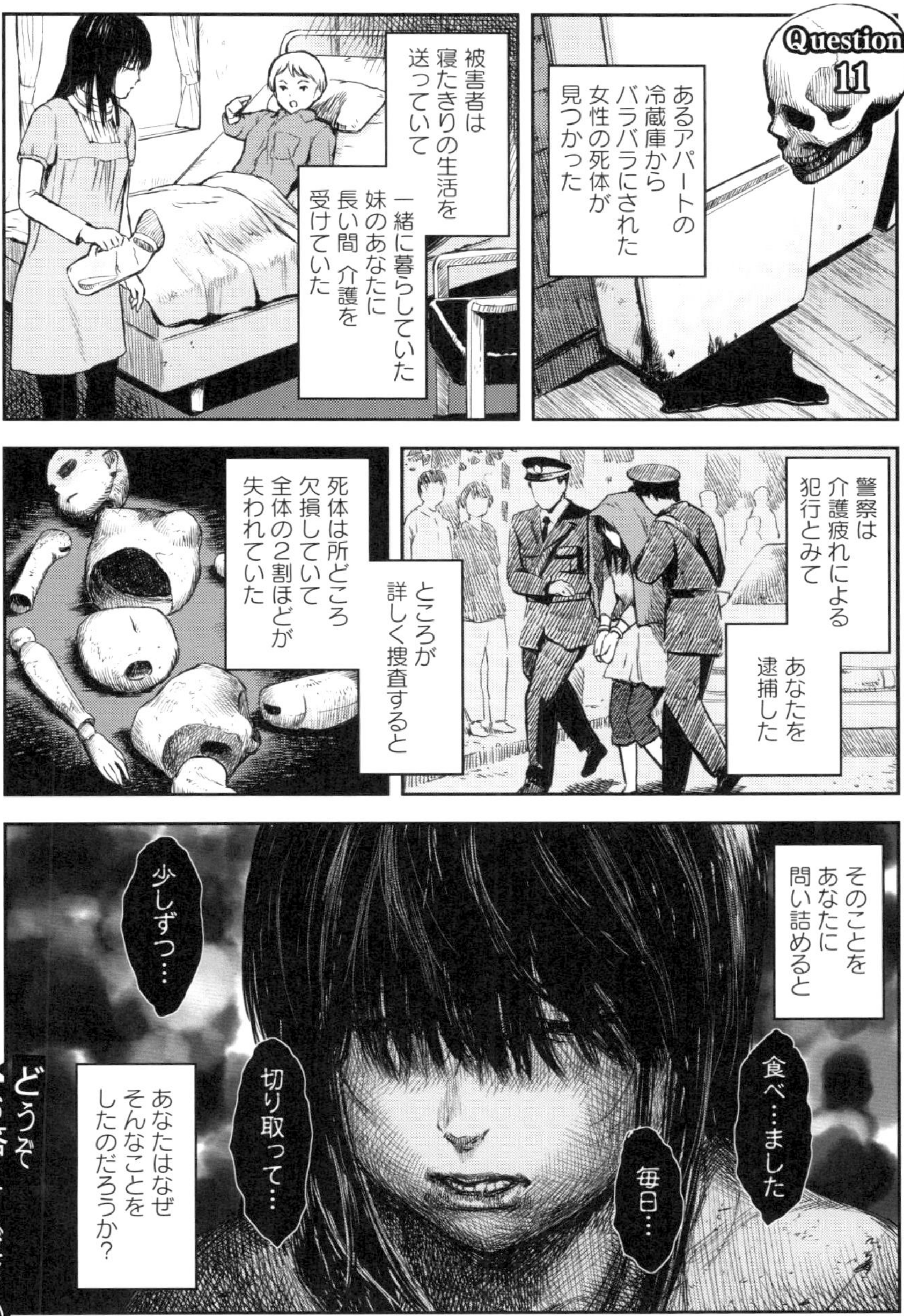
Question 11
あるアパートの冷蔵庫からバラバラにされた女性の死体が見つかった
被害者は寝たきりの生活を送っていて
一緒に暮らしていた妹のあなたに長い間 介護を受けていた
警察は介護疲れによる犯行とみて
あなたを逮捕した
ところが詳しく捜査すると
死体は所どころ欠損していて全体の2割ほどが失われていた
そのことをあなたに問い詰めると
食べ…ました
毎日…
切り取って…
少しずつ…
あなたはなぜそんなことをしたのだろうか?

どうぞお答えください

・死体の処分に困ったから
・人間を食べたかったから
・食べるものがなかったから
などと答えた方は正常です
異常者の回答
食べると
介護から解放された
気分になるから

解説

「カニバリズム」（人食い）衝動の多くは、**殺した相手を食べることで、行為の反芻をする**という目的があります。殺した時の達成感と、〝食〟という人の根源的欲望を重ねることで、食行為によって何度もその達成感を味わうことが出来るようになるからです。

あなたの場合は姉を食べることで、介護から解き放たれた時の開放感を何度も味わっていたのでしょう。

おねしょを叱りすぎるとシリアルキラーになる!?

アメリカで高い人気を誇る心理学者フィル・マグローは、自身のサイトでシリアルキラーには14の共通点があると公表した（注1・P48参照）。その多くは幼少期における特徴的な体験である。両親の不和や性的虐待、動物に対するサディスティックな虐待など、あきらかに異常と思われる共通点が挙げられており、おしなべてサイコパスの特徴そのもの。しかし、そのなかに今までのサイコパス研究にはあまり見られなかった興味深い記述がある。

それは「シリアルキラーの約60%が12歳以降もおねしょをしていた」という点だ。

おねしょは、幼児期に誰もが経験するもので、長くても5歳までに治まるのが通常だといわれている。しかし、年齢がそれ以上になると夜尿症《やにょうしょう》と呼ばれ、泌尿器などに関する何らかの問題を医師に指摘されることがほとんどだ。ちなみに、6歳の子供で1ヵ月に2回以上、6歳以上の子供では1ヵ月に1度以上夜尿をすると夜尿症と定義されている。小学生ですら異常を疑われるのに、シリアルキラーの大半は思春期直前の12歳までおねしょをしていたという。いったいなぜだろうか？

成長してからの夜尿症は、かつて心理的な要因を指摘されていたが、近年の研究では否定的な意見が大半を占めている。とはいえ、おねしょを繰り返す要因のひとつとして、今でも有力視されているのが両親など年長者からの叱責や罰による罪悪感だ。

たとえば、女子や子供52人を殺害したアンドレイ・チカチーロ（P126）もそのひとり。チカチーロは度重なるおねしょを母親に何度も叱責されて、屈辱を味わったと後に述懐している。実はシリアルキラーにこうした事例は驚くほど多い。おねしょはシリアルキラーの典型例といっても過言ではない。

問題となるのは、〝強すぎる罪悪感〟だ。通常、罪悪感は人の行動を抑制する機能をもっていると考えられている。たとえば、子供が興味本位でアリを踏み潰してしまったとしよう。それを母親が叱る。すると、子供は罪悪感を覚えて、次は興味本位でアリを踏むことはしなくなる。だが、この母親の叱り方があまりに厳しい罰（体罰など）を伴う場合、それに比例するようにして子供は強烈な罪悪感とともに異常なまでの抑圧を受けることになる。この過度なストレスは、子供に思わぬ悪影響を及ぼす危険がある。そのメカニズムが解明されているわけではないが、子供に与えた〝強すぎる罪悪感〟は、あまりにダメージが大きすぎるため、罪悪感そのものを感じないように人格を形成してしまう恐れがあると考えられる。

これまで見てきたようにサイコパスは人を殺すことに何の罪悪感も抱かない。チカチーロは殺人に対して何の罪悪感も抱いていなかった。遺族に「お前の息子を食ってクソにしてやったぜ！　今頃ハエがたかってるだろうよ！」と言い放つぐらいだ。

おねしょをすれば厳しく罰せられるという屈辱が毎日のように繰り広げられた子供は、人間的な感情のひとつである罪悪感を封じ込め、やがてはシリアルキラーに……。もし思い当たるお母様がいるのなら、今すぐ自身の態度を見つめなおす必要があるかもしれない。

(注)「シリアルキラーの90％以上は男性」「ＩＱが高い者が多い」「学校の成績は悪く、仕事も長続きせず、スキルのいらない労働に就くことが多い」「不安定な家庭に育った者が多い」「幼児期に父親に捨てられ、支配的な母親に育てられた者が多い」「身内に、犯罪者、精神異常者、アルコール依存症がいる者が多い」「父親と母親を激しく憎んでいる者が多い」「幼児期、近親者から心身、そして性的に虐待を受けていた者が多い」「幼い頃から精神的な問題を抱えていた者が多い」「自殺願望が強く、未遂をした者も多い」「幼い頃から、のぞき見やフェチ、ＳＭやポルノに興味を持つ者が多い」「シリアルキラーの60％以上が12歳以降もおねしょをしていた」「放火に魅了されている者が多い」「小動物を虐待するなどサディステックな行為をした経験を持つ者が多い」

あなたは猟奇犯罪のニュースや死体写真を見ることが趣味だった。
海外のグロ映像を掲載したサイトや
絶版になった死体写真集などを集めてはそれを眺めていた。
しかし、すでに死に絶えた人間を見ているうちに
どうやって人が死んでいくのかを知りたくなったあなたは
人が死ぬところを見ようと街に繰り出した。
あなたがやってきたのは人ごみにあふれたターミナル駅。

どうしてあなたは駅を選んだのだろう？

◀◀◀どうぞお答えください

・人がたくさんいるから
・人身事故が起こるかもしれないから
・人を簡単に突き落とせるから

などと答えた方は正常です。

ANSWER

異常者の回答

電車に乗れば密室になり殺害して息絶えるまでの様子をじっくりと見ていられるから

解説

あなたは、あくまで〝人が死んでいく過程〟を見たいと望んでいます。轢殺《れきさつ》では一瞬でバラバラになってしまい、目的を達成できません。また、あなたは殺害対象が誰でもいいので、電車という密室を簡単に作れる場所を選んだのでしょう。あなたが実行に移す場合、凶器はおそらくナイフなどになると考えられます。そのほうが**苦しんで死んでいく様子をじっと観察できるから**です。

一番最初に思いついたものを簡潔に答えよ。

『人と戦う仕事』と聞いて
あなたは何を思い浮かべる?

・軍人や格闘家
・弁護士や医者
・快楽殺人者

などと答えた方は正常です。

ANSWER

異常者の回答

答えられない
または答えが出るのが異常に遅い

解説

普通の人であれば、すぐに答えが出るこの問題。一方でサイコパスはなかなか答えが出てきません。なぜなら、人を人とは思わないために『人と戦う』という点を意識して考えすぎてしまうのです。たとえば、サイコパスからしてみれば、軍人も弁護士も〝人〟と戦っているわけではなく、〝モノ〟と戦う職業でしかありません。そのため、サイコパスは**答えが出せない**のです。

Question 14

ある深夜のこと。
あなたは明かりのついていない家を発見。
どうやら人の気配もなさそうだった。
過去に何度か空き巣の経験があり、
この部屋なら大丈夫だろうと考えたあなたはすぐに部屋へと侵入した。
しかし、部屋に入ってみると
そこには首を吊った家主の死体が……。
あなたは何も盗らずに家を出て、
ターゲットを別の家に変えた。

なぜあなたは何も盗らなかったのだろうか？

◀◀◀どうぞお答えください

・死臭がひどかったから
・自分が犯人だと思われるから
・死体を見て怖くなったから

などと答えた方は正常です。

ANSWER

異常者の回答

いつでも盗みに入れるから

解説

サイコパスは**人間的な感情に欠ける反面、非常に合理的な考え方**を持っています。凶悪犯よりも企業経営者のほうがサイコパス傾向が強いという研究もあるほど(P１５６参照)で、どんな状況でも瞬時に合理的な判断ができる能力が備わっています。あなたの場合、家主の自殺を見て即座に「いつでも財産を盗むことができる」と判断したと考えられます。

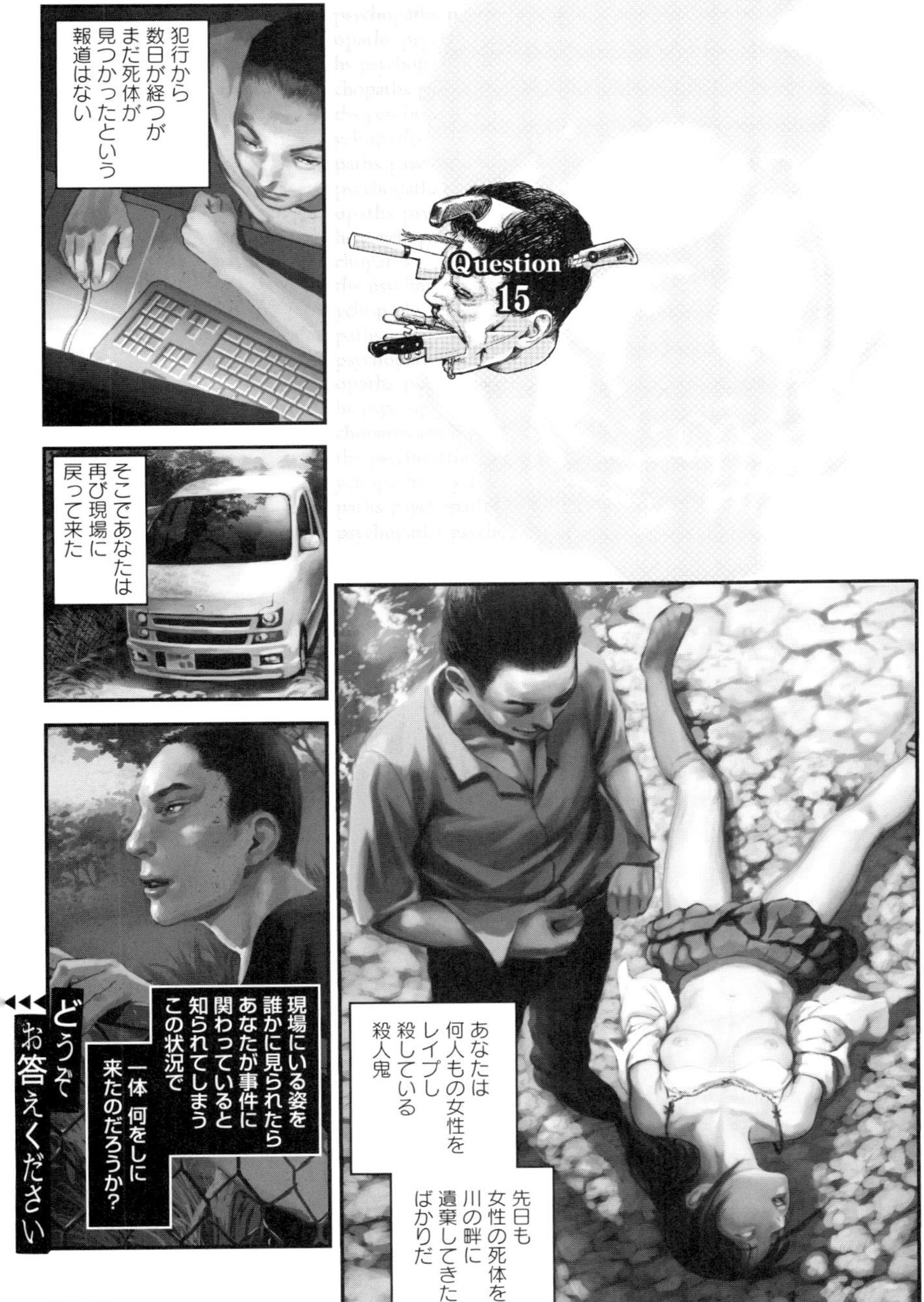
Question 15
犯行から数日が経つがまだ死体が見つかったという報道はない
そこであなたは再び現場に戻って来た
あなたは何人もの女性をレイプし殺している殺人鬼
先日も女性の死体を川の畔に遺棄してきたばかりだ
現場にいる姿を誰かに見られたらあなたが事件に関わっていると知られてしまうこの状況で
一体 何をしに来たのだろうか？
どうぞお答えください

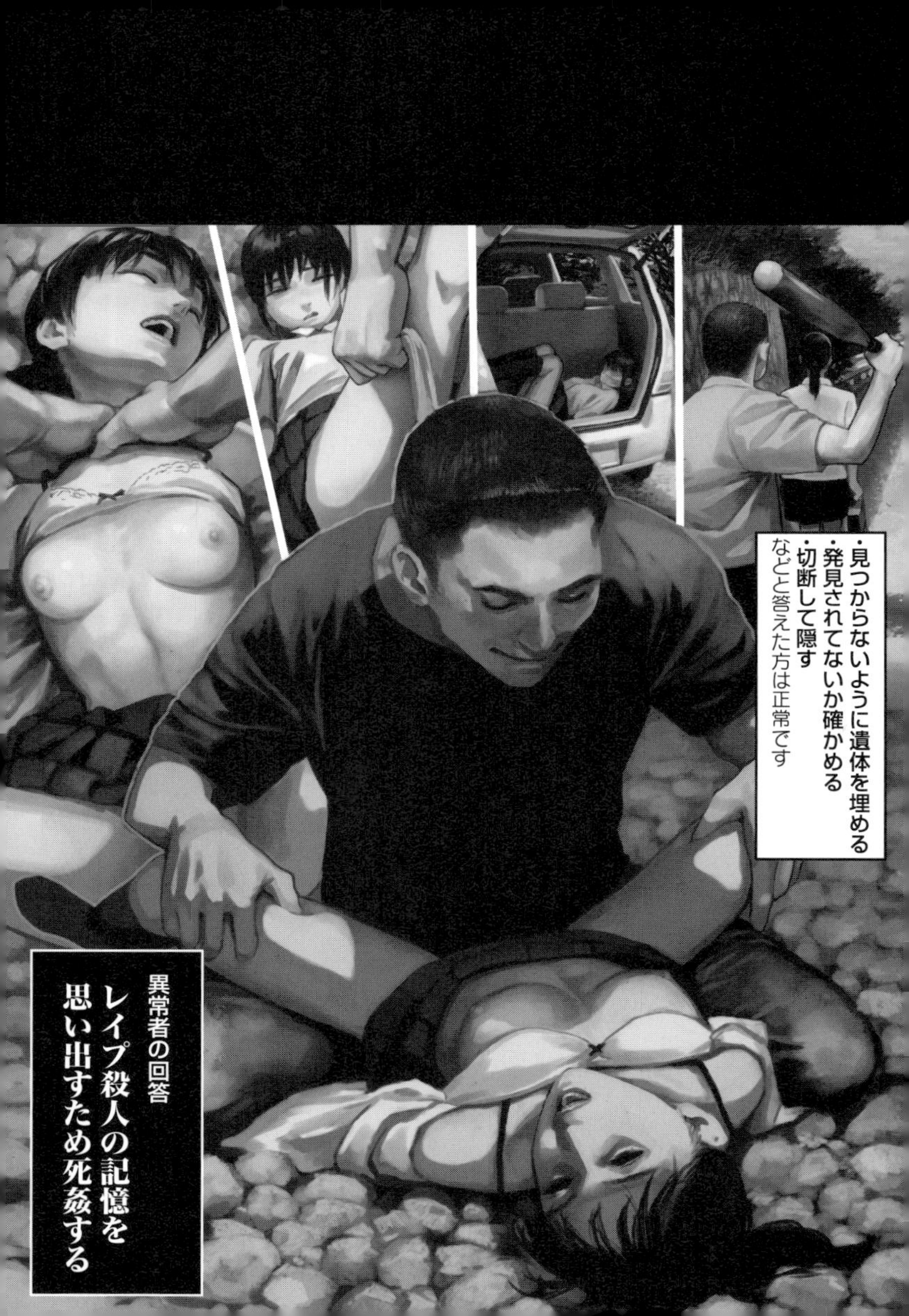
・見つからないように遺体を埋める
・発見されてないか確かめる
・切断して隠す
などと答えた方は正常です
異常者の回答
レイプ殺人の記憶を思い出すため死姦する

解説

「死体を見て、殺害の余韻に浸る（反芻する）」と答えた人はサイコパスの兆しあり。回答と同じく、「死姦する」と答えた人は非常に危険なシリアルキラーと言えるでしょう。

サイコパスには共通して、**自分の犯した事件の余韻を楽しみたいという習性**があります。新聞、ネット記事の蒐集《しゅうしゅう》や報道番組の録画などをする者もいれば、死体の一部を食べたり、戦利品として持ち帰ったりするサイコパスもいます。最近では、スマートフォンに犯行の映像や写真を記録し、後日それを見て楽しむといった手法も増えており、それらがネットにアップされ、犯人が判明する事例も少なくありません。

回答の「死姦する」については、アメリカで48人を殺害し、『グリーン・リバー・キラー』と呼ばれたゲイリー・リッジウェイが実際に行った行動です。リッジウェイが襲った相手のほとんどは娼婦で、レイプ後に殺害。後日、埋めた遺体を掘り出しては死姦し、レイプ殺人の思い出を楽しんだと証言しています。リッジウェイは、当時7歳の息子を連れ犯行に及んだことも告白しており、全米を驚愕させました。

サイコパスFILE
No.002

ゲイリー・リッジウェイ

（1949～）

アメリカ・ユタ州ソルトレイク生まれ。幼少からおとなしく、あまり賢くなかったリッジウェイは13歳まで夜尿症が治らなかった。性欲が異常なまでに強く、日に数回はセックスをしないと気がすまなかったリッジウェイは、1982年に16歳の売春婦を絞殺。死体を近隣のグリーン・リバーに投げ捨てた。その後、6ヵ月間で6人を殺害。すべての遺体はグリーン・リバーに捨てられており、マスコミは正体不明の殺人鬼を『グリーン・リバー・キラー』と名づけて、大々的に報道した。警察の捜査は遅々として進まず、1984年までにさらに42人もの犠牲者が出た。その後リッジウェイはカナダでも60人あまりを殺害。アメリカで逮捕され現在も服役中だが、カナダの判決次第では死刑になることもありうる。

Question 16
あなたは小さい会社を経営していたがある日会社は倒産してしまった
しかし あなたはそのことを家族に黙ったままよその会社へ就職した
幸運なことに転職しても収入は社長時代とほとんど変わることはなかった
ところがある日 あなたは妻と子供がそのことに気づいていることを知った
たぶん 自分に気を遣ってくれているのだろう
……
その晩 あなたは家に火を放つと妻と子供を焼き殺した
なぜあなたは家族を殺したのだろう？
どうぞお答えください

・馬鹿にされているような気がした
・バレてたことが辛かった
などと答えた方は正常です
異常者の回答
妻と子供は
社長の妻と子供では
なくなったから

解説

あなたの中で一番価値があったのは、自分を思ってくれる家族ではなく、社長である自分についてきてくれる妻と子供（社長夫人と社長子息）だったのです。会社が倒産した事を隠したのも、その価値を守るためであり、倒産を家族が知った時点で、妻と子供は価値が失われ、不要になったと考えられます。

過去にも、このような二重生活の露見がきっかけで、家族を皆殺しにした事件が起きています。**「自分にとって何が価値あるものか？」**がサイコパスにとって、倫理や感情以上に大きな判断基準となります。

あなたのまわりにいませんか?

サイコパスの口癖
ワガママ言うな。

▼▼▼ 他人の要求を受け入れない

NO.004

Question 17
お盆を少し過ぎたある日「隣の家が臭い」と近所から通報があり
家の中から女性ひとりと子供2人の遺体が発見された
遺体はその家の住人で死後1週間ほど経過していた
後日偽造パスポートで出国しようとしていた男が逮捕され殺害を自供した
犯人は被害者一家の主人であるあなただった
ヤミ金から逃れるために…
家族思いだったあなたがどうして家族を殺害したのだろう?

どうぞお答えください

・無理心中しようとした
・家族をこれ以上
辛い目にあわせたくなかった
などと答えた方は正常です
異常者の回答
いなくなったことを
隠す時間稼ぎと
これまでの痕跡を
消したかったから

解説

サイコパスは基本、**自分以外の人間を自己の損得以外で思いやることはありません**。社会的な体裁や家庭を持ちたいという理由で結婚は普通にしますが、そこに愛情は無いと言われています。

この事件の場合、借金の取り立てから逃げるという目的のため、逃げたことを隠す時間稼ぎや、自分の痕跡を消すために家族を殺したのだと思われます。

海外でも自ら起こした事件の後に、事件とは無関係な家族を殺害してから逃走する事例が数多くあります。残酷な犯行ですが、家族に対する主人の唯一の愛情のようなものを感じるとしたら、余計な苦しみがないようにと、斧で頭を割ったことでしょうか……。

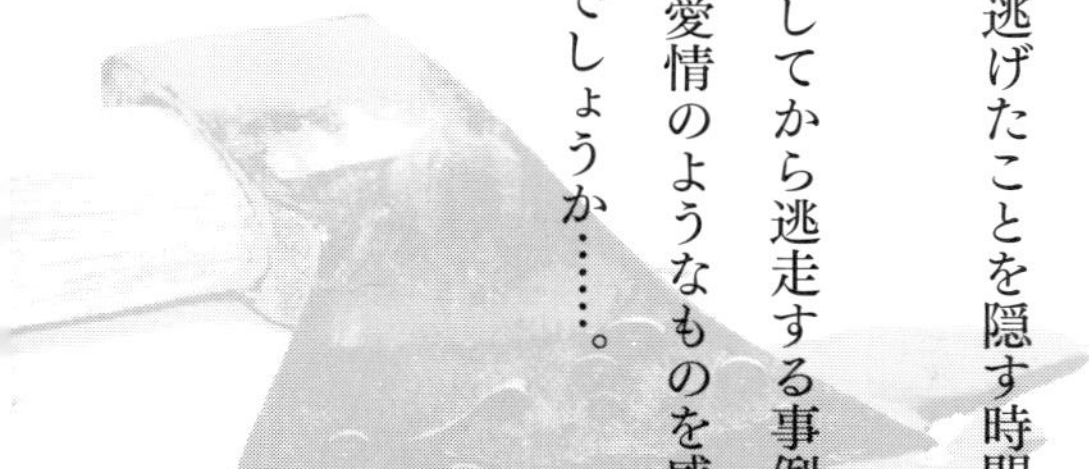

サイコパス10タイプの見破り方

・常にどこかイライラしている
・怒るとすぐに手が出る
・日によって怒るポイントがちがう
・考えるよりも行動するタイプ

▼▼▼ ぷっつんタイプサイコパス

NO.004

解説

非常に気性の荒いこのタイプは、すぐにカッとなって暴力をふるったり、些細な出来事に異常なまでにキレたりします。しかし、同じタイプでありながら日々うっ憤を溜めて暮らしていると、どこかで一気に爆発することがあります。銃乱射事件などの大量殺人を犯しやすいタイプです。

実在の凶悪犯でいうと…… ▼▼▼ **都井睦雄**（1917〜1938）

日本犯罪史上、最悪の大量殺人事件といわれる『津山30人殺し』の犯人。

Question 18
あなたの彼はホストでイケメンのタケル
お店に通いつめようやく彼と恋人になった
ところが最近彼は客の1人と浮気をしているらしい
しかしあなたがいくら問いただしても
なわけねーだろただの仕事だよ
……
パタン
ある夜あなたは…
寝ているタケルの顔をずたずたに切り刻んだ
なぜあなたは こんな犯行に及んだのだろうか?
どうぞお答えください

・タケルを憎んでいた
・もう仕事ができないようにした
などと答えた方は正常です
異常者の回答
自分以外に誰も頼れないようにするため

解説

サイコパスは、非常に独占欲が強いとされています。また、一般のルールとは異なり、**独自の価値観やルール（思い込み）を基準に行動する**とも言われています。

この場合、「自分が好きならば、相手も自分を好きである」という勝手な思いで犯行に走り、顔を傷つけてしまえば、タケルは自分以外に頼れる相手がいなくなると考えたのでしょう。

あなたのまわりにいませんか?

サイコパスの口癖

悪いのはお前だ。

▼▼▼何か不都合があると他人を攻撃する

NO.005

Question 19
ある日 あなたは同僚のタカシから交際を求められた
これまであなたが付き合ってきた男性はみなひどい男ばかりだったのではじめは躊躇したが
タカシは社内でも評判がよく仕事もできる好青年だ
押しの強さにも負け 2人は交際を始めた
タカシはこれまでのどの男性とも違い紳士的で優しかった
そして初めて迎えるあなたの誕生日
俺と結婚してほしい!
え…
ガタ
受け取ってくれ!
さあ!
しかしあなたは震える手でケーキナイフを握ると…
……
カチャ
——そのままタカシを刺し殺してしまった
あなたはなぜそんなことをしたのだろうか?
どうぞお答えください

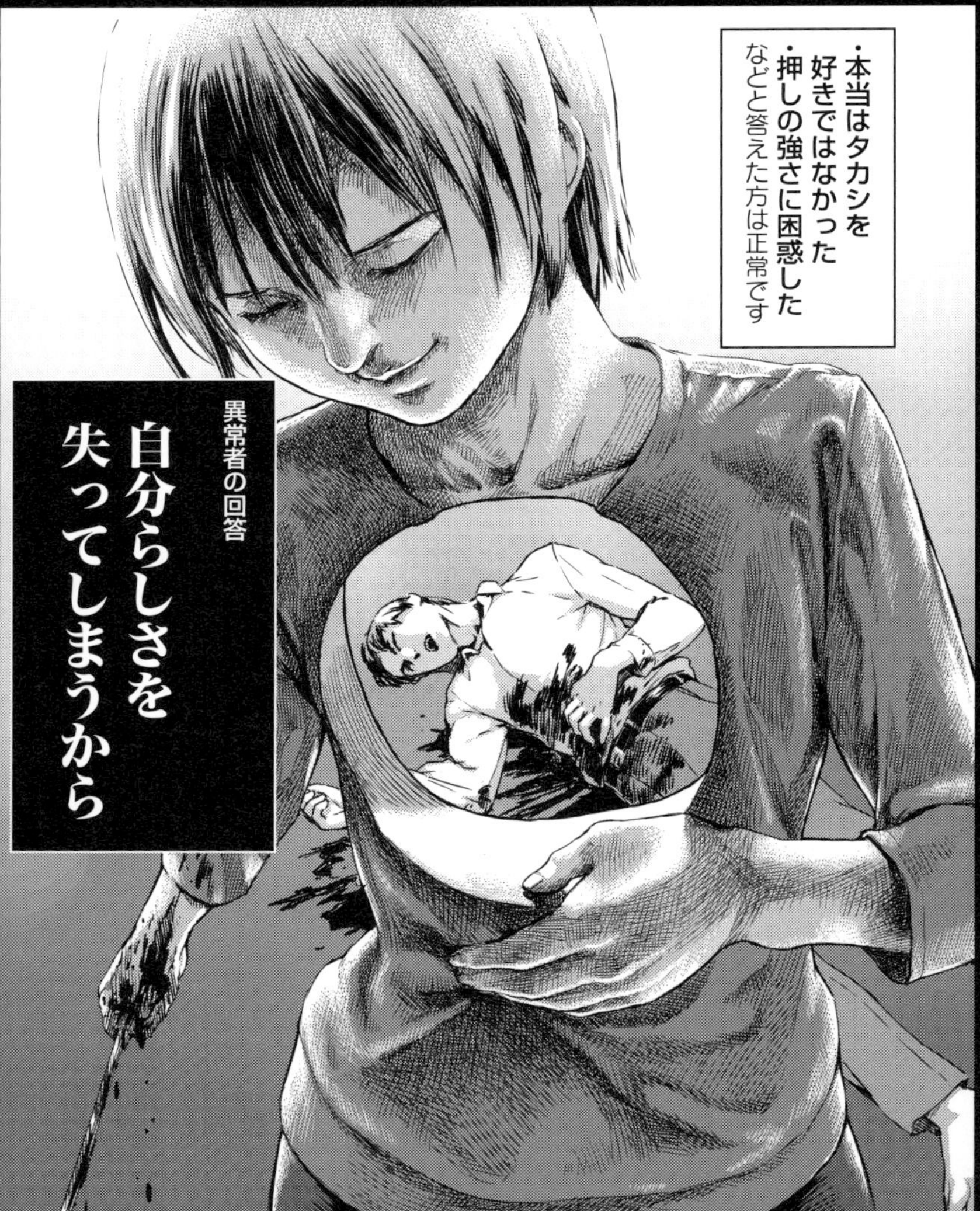

・本当はタカシを好きではなかった
・押しの強さに困惑した
などと答えた方は正常です
異常者の回答
自分らしさを失ってしまうから

解説

精神異常者は**「自分らしさ」を最も大切にする**傾向があり、他人から見て不幸だという思い出でも、本人はその中に自分の存在意義や価値を見いだす場合があります。

この場合は、タカシに対しての思いや感情ではなく、苦労もしないまま幸せになってしまうことにより、これまでの辛い恋愛体験がすべて否定されてしまい、自分自身も否定されてしまうのではないか？　という恐れがあったのです。

サイコパス10タイプの見破り方

NO.005

▼▼カルト教祖タイプサイコパス

・自己顕示欲が強く、自慢ばかりしている
・政治デモなどに参加したがる
・思い込みが激しく、他人の意見を聞かない
・ことさらに権利を主張する

解説

ある特定の思い込みに思想や行動すべてを支配されているタイプ。デモ活動家などに多く、集団のリーダーとして頭角を現すと、部下や信者たちを殺害したり、犠牲にしたりすることもあります。社会に適合していても権利や主張が強く、一般には理解しがたい信念を貫いているタイプです。

実在の凶悪犯でいうと……

▼▼アドルフォ・コンスタンツォ（1962〜1989）

母親の影響で自らの教団を立ち上げ、信者たちを生け贄として殺害。脳を食べた。

Question 20
あなたは子供の頃から生き物を殺すのが好きだった
ピク
ピク
さっきまで目の前で動いていたものが
ちゃ
あなたの力でただのタンパク質の塊に変わるその優越感がたまらないのだ
小中学生の頃は近所で捕まえた虫やカエルを殺していたが
高校に上がる頃には周囲の目を気にしてそうした行為をひかえていた
しかし成人して社会で働くうち昔の衝動が再び目を覚ました
人を…たくさん人を殺してみたい
はぁ
はぁ
はぁ
しかしあなたは小柄で非力
きゅっ
殺すのも死体を始末するのもそう簡単ではない
悩んだあげくあなたは転職することにした
一体どんな職業に就いたのだろうか？

どうぞお答えください

異常者の回答
タクシーの運転手

解説

小柄で非力である以上、**確実に相手を殺すためには、相手の選択が必要**です。タクシーであれば、自分より非力な相手や泥酔して抵抗不可能な相手も乗り込んできます。また、殺害場所や遺棄場所への移動もそのままできるため、考え方によってはタクシーは、「生《せい》殺与奪権《さつよだつけん》」を運転手が持っている乗り物なわけです。まさに、殺人狂にとっては格好の商売なのかも知れません。

日本では強盗に襲われることの多いタクシーですが、海外ではこのようなサイコパスの運転手による、無差別殺人事件の例もあるのです。

サイコパスの口癖
お前、バカだろ?

▼▼▼周囲を完全に見下した発言をする

NO.006

Question 21

あなたは投資に失敗してしまい、
すぐに100万円が必要になってしまった。
口座に残されているのは、わずか数百円。
とはいえ、身寄りのないあなたに
それだけの資金を捻出できる余裕はない。
そこであなたは資産に余裕のある先輩・B氏に
100万円を借りる案を考えた。

さて、あなたはどうやってB氏から借りるつもりなのだろう。

どうぞお答えください

・ひたすら泣き落としにかかった
・綿密な返済計画を提案した
・すぐに返せるとウソをついた

などと答えた方は正常です。

ANSWER

異常者の回答

確実に稼げる方法で1割増にして返すと取引する

解説

サイコパスは**感情論で人が動くとは露ほども考えていません**。相手に何らかのメリットがないかぎり貸してくれるはずがないと考えるのです。そこで、あなたは事業や投資などで稼ぎ、金銭的なメリットをB氏に提案することにしたのでしょう。一般的には泣き落としのほうが有効なように思われますが、もしB氏もサイコパス傾向が強ければ、あなたの提案を受け入れるかもしれません。

Question 22

レストランを経営するあなた。
これまで売り上げは順調だったが、
1ヵ月前にできたライバル店に客足を奪われ、
今では売り上げは半分以下に……。
聞けば、有名なオーナーシェフが経営しているそうで、
その男さえいなくなれば、経営が傾くのは必至。
あなたはオーナーシェフのマンションで殺害を試みた。
逃走されたものの屋上にまで追い詰めた結果、
オーナーシェフは屋上のへりにつかまり、今にも落ちそうだ。

あなたはどうやってオーナーシェフを落とすだろうか？

どうぞお答えください

・手首を切る
・蹴り落とす
・勝手に落ちそうなので立ち去る

などと答えた方は正常です。

ANSWER

異常者の回答

指が全て離れるまで見ている もしくは指を1本ずつはがしていく

解説

快楽殺人者は**良心が著しく欠如しているため、他人に対して非常に冷淡**です。そのうえ死への恐怖に怯える他人をオモチャのように弄ぶ傾向があります。あなたの目的はオーナーシェフの殺害ですが、人に見られるリスクが低く、圧倒的に立場が強いシチュエーションになったために嗜虐性《しぎゃくせい》が高まったのでしょう。

想像しよう。
あなたの前に戦争でケガを負った軍人の肖像画がかかっている。
いったいどこをケガしているだろう?
2ヵ所答えよ。

どうぞお答えください

・足
・頭
・腕

などと答えた方は正常です。

ANSWER

異常者の回答

目、左胸（心臓）、頸動脈

解説

快楽殺人者の場合、**致命傷を与える箇所を想像**します。『頭』も致命傷になりえますが、快楽殺人者はおもにナイフなどでの方法を真っ先に思い浮かべます。銃弾ならまだしもナイフだと頭部は意外に貫通しません。そのため、目や左胸、頸動脈などを想像してしまうのです。

Question 24

その凄惨な事件は、ある農村で起きた。
あなたはひと晩で村人5人を殺し、警察に追われていた。
村を飛び出したあなたは近くにある森の中へ逃げ込んだ。
うっそうと茂る木々をかきわけて進んでいくと、
そこには、一軒のあばら家が建っていた。
疲れたあなたはひと眠りすることにした。
そこで……
A. あなたは悪夢を見た。それはどんな夢？
B. 何かが家に向かって近づいてくる。それは何？

A、B両方に答えよ。

どうぞお答えください

ANSWER

A　警察に捕まる、追われる夢
B　警察や警察犬などの追っ手

などと答えた方は正常です。

異常者の回答

A　殺した人が実は生きていた
B　次の殺しのターゲット

解説

普通の人であれば、警察に追われるという極限状況に陥《おちい》ったとき、そのことしか考えられなくなります。しかし、サイコパスの場合は**警察の追跡など些細なこと。**「捕まったら殺人ができなくなる」ぐらいにしか考えません。そのため、あなたにとって殺人が失敗していたことが最大の悪夢であり、次の殺人のことしか頭にないのです。

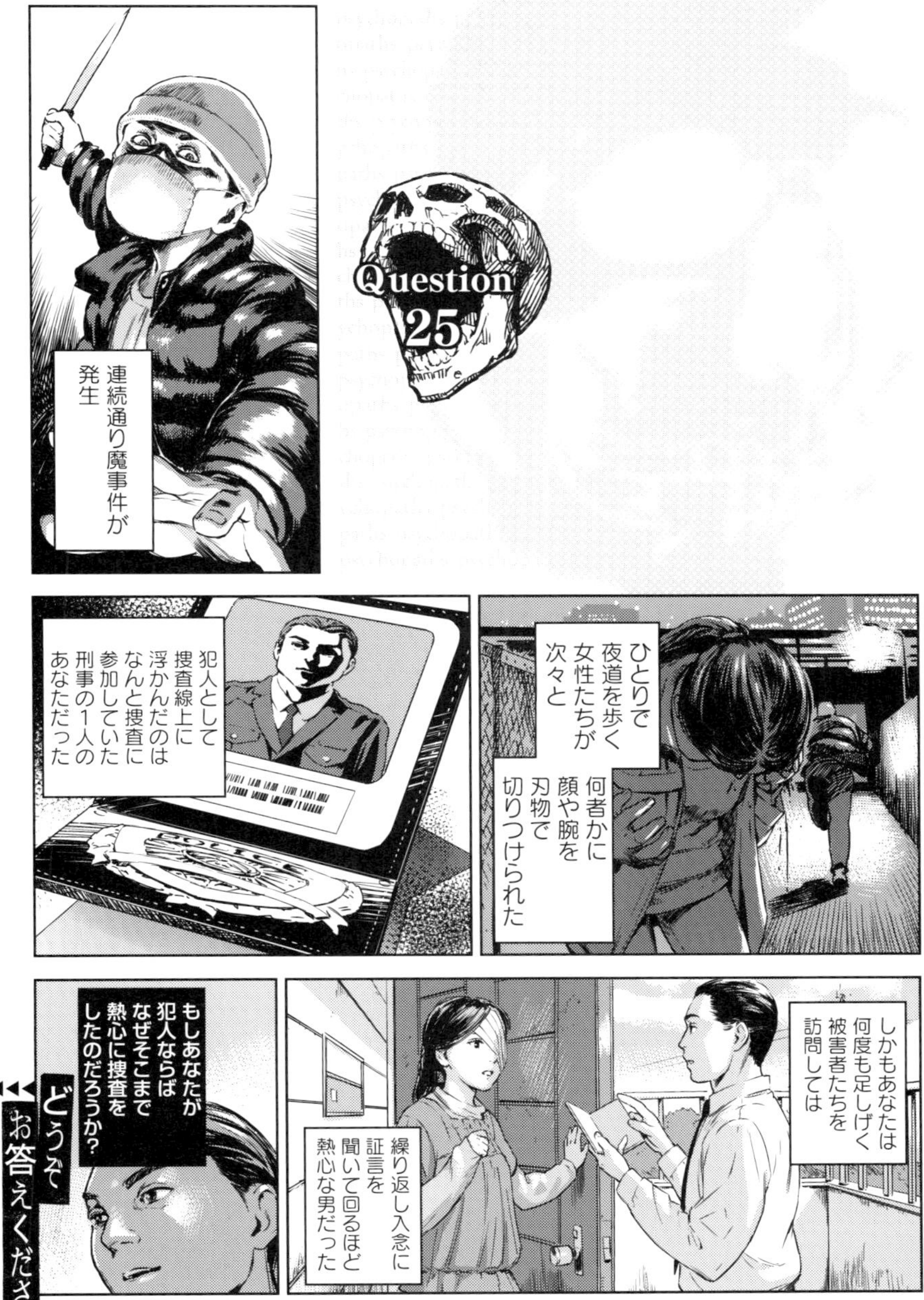
Question 25
連続通り魔事件が発生
ひとりで夜道を歩く女性たちが次々と
何者かに顔や腕を刃物で切りつけられた
犯人として捜査線上に浮かんだのはなんと捜査に参加していた刑事の1人のあなただった
しかもあなたは何度も足しげく被害者たちを訪問しては
繰り返し入念に証言を聞いて回るほど熱心な男だった
もしあなたが犯人ならばなぜそこまで熱心に捜査をしたのだろうか?
どうぞお答えください

・自分に不利な証言をもみ消すため
・被害者を脅迫するため
・罪滅ぼし
などと答えた方は正常です
異常者の回答
被害者から自分の手柄話を聞きたいから

解説

通常、事件を起こした犯人は、現場からできるだけ離れようとします。ところがサイコパスの多くは、現場に立ち戻る傾向があります。それは、自分の行為、さらにそれに対処する自分に対して、周りの人がどのような反応をするのかを確かめたいからです。

〝マッチポンプ〟という言葉がありますが、放火の犯人を捕まえてみたら、その消火にあたっていた消防署員（団員）が犯人だったという事例が世界的に多くあります。

サイコパスは、誰よりも事件のすぐ側で自分の手柄を感じたいため、より自分の身近で事件を起こし、**他人には入り込めないような距離で手柄を確かめることに優越感を感じる**のです。

サイコパス10タイプの見破り方

NO.006

不機嫌タイプサイコパス

・いつもマイナス思考
・勉強や仕事にはマジメに取り組む
・人当たりはよく、もの静か
・やや嫉妬深い性格をしている

解説

常に世間と一定の距離を置いて過ごしているタイプ。仕事上ではマジメで、悲観的な考え方をしています。しかし、それはあくまで表面上の性格のみ。もし死体写真や殺人などに興味を抱いているとしたらサイコパスの可能性あり。内心にこびりついた猟奇性を見抜くのが難しいタイプです。

実在の凶悪犯でいうと…… ▼▼▼ **シャイナ・シムズ**（1988～）

嫉妬に狂って、彼氏の元カノの葬儀に参列し、遺体を切り刻んだ。

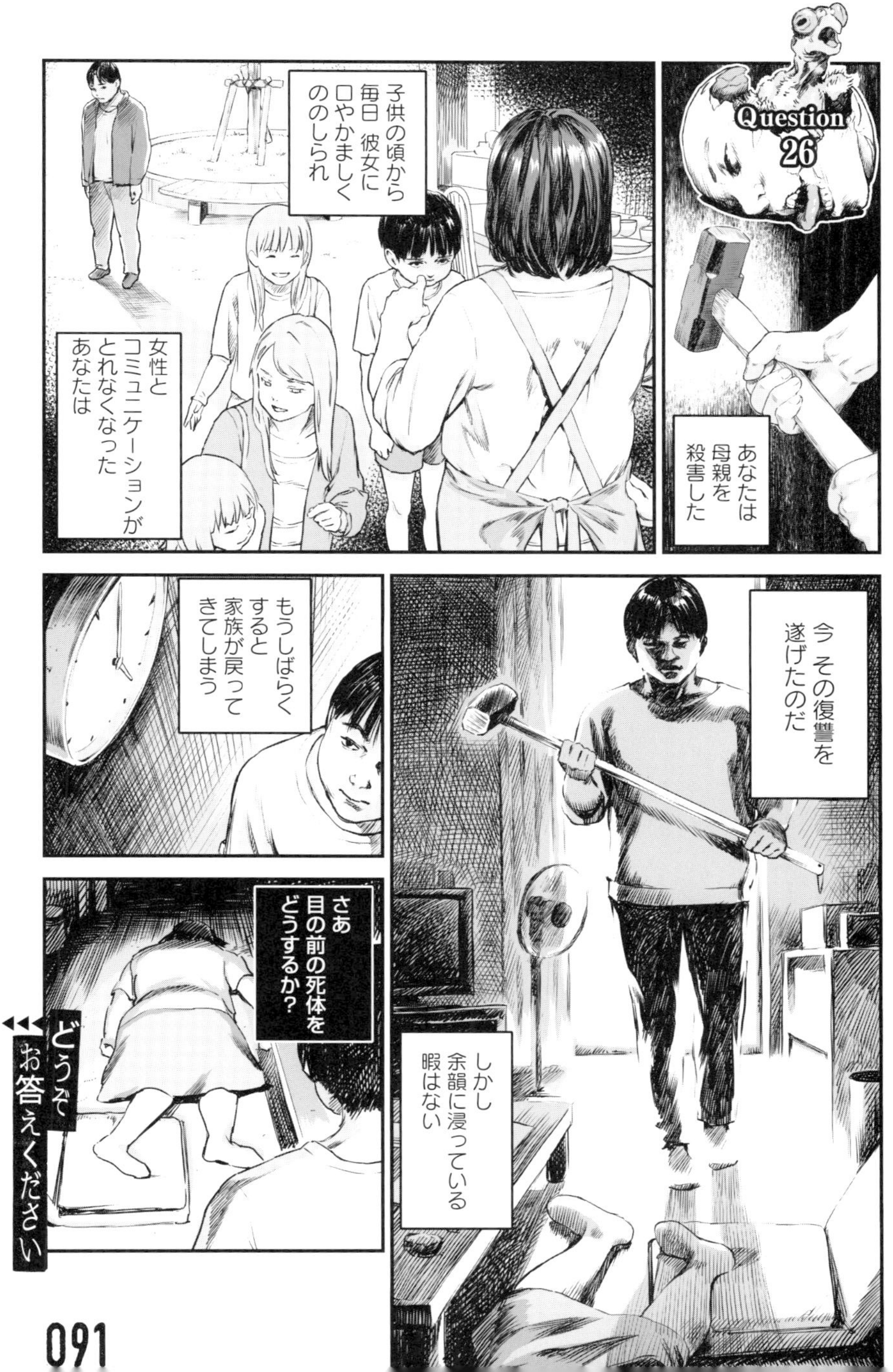
Question 26
あなたは母親を殺害した
子供の頃から毎日 彼女に口やかましくののしられ
女性とコミュニケーションがとれなくなったあなたは
今 その復讐を遂げたのだ
しかし余韻に浸っている暇はない
もうしばらくすると家族が戻ってきてしまう
さあ目の前の死体をどうするか?
どうぞお答えください

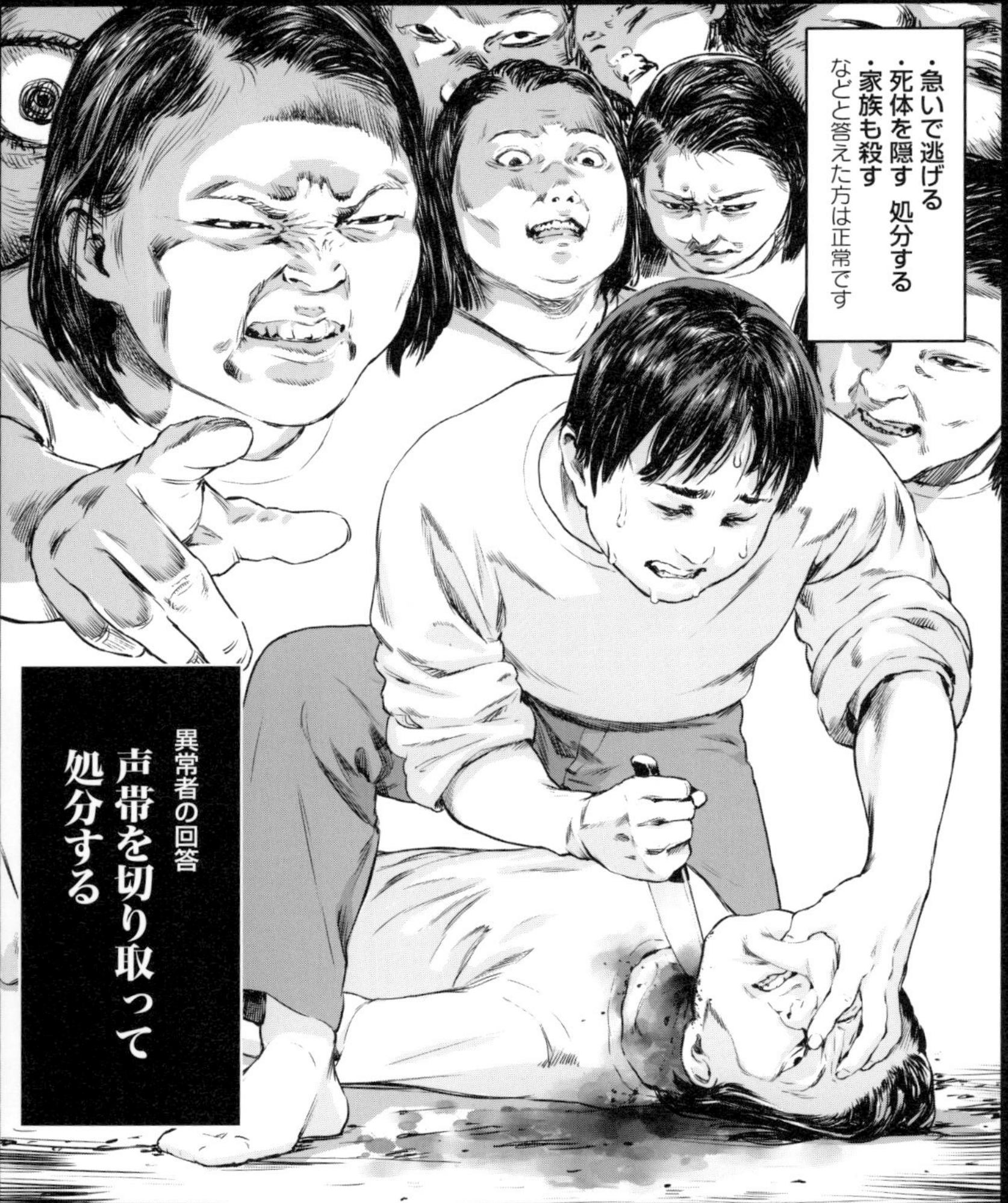
・急いで逃げる
・死体を隠す　処分する
・家族も殺す
などと答えた方は正常です
異常者の回答
声帯を切り取って
処分する

解説

これはアメリカで8人を殺害したエドモンド・ケンパーが起こした事例です。ケンパーは15歳の時、祖父母を銃殺し、逮捕されました。しかし、5年で病院を退院したケンパーは、ヒッチハイカーの女性たちを次々と殺害。頭部を切り取ったのち、胴体を死姦。自宅に持ち帰った頭で口淫を楽しんだといいます。

1973年、ケンパーの矛先は口やかましかった母親とその友人に向けられました。ケンパーは母親の声帯を切り取って、ディスポーザーに投げ込むと、切り取った頭で口淫したといいます。憎い母親で性的欲求を満たす……一見、矛盾しているようですが、**女性に愛されたかったという気持ちの裏返しが、歪んだコミュニケーションに変わってしまった**のかもしれません。ケンパーは終身刑となり、今もカリフォルニア州の刑務所で服役中です。

サイコパスFILE
No.003

エドモンド・ケンパー

（1948～）

アメリカ・カリフォルニア州バーバンク生まれ。母親による日ごろからの叱責で、父親は7歳のケンパーを残して家出。母親は罵るターゲットをケンパーに変えたため、言葉による暴力が絶えなかった。ケンパーは、8歳の時に担任の女性教師に恋を抱き、キスを申し出るとあっさり了承された。しかし、ケンパーは「けど、そうすると先生を殺さないといけないんだよ」と真剣な表情で答えたという。ケンパーが最初の殺人を犯したのは1964年のこと。祖父母に引き取られていたケンパーはライフルで祖父母を銃殺。逮捕後、5年で外に出たケンパーはその後、8人の女性を殺害。IQは130を超えているともいわれており、2メートルを超える身長でありながら聡明な人物だったという。現在は模範囚として服役中。

Question 27
あるアパートでその部屋に住む若い女性の刺殺死体が発見された
全身は鋭利な刃物で切り刻まれ
そばには折れた1本のナイフが捨ててあった
司法解剖と鑑定の結果女性は捨ててあったナイフで殺害された後
別に用意された十数種類の刃物によって切り刻まれたことがわかった
犯人のあなたはどうしてそんな面倒な殺害方法をとったのだろうか?

どうぞお答えください

・他にも犯人がいるように
みせかけるため
・ナイフが折れてしまったから
・確実にとどめを刺すため
・被害者に深い恨みがあった
などと答えた方は正常です
異常者の回答
たくさんナイフを
持っていたから

解説

サイコパスの起こす事件というのは、感情とはかけ離れたところにその理由があります。

この場合、死体を隠していないことから、事件を隠蔽《いんぺい》・攪乱《かくらん》させるという目的とは思えません。おそらくあなたは、自分のコレクションしているナイフの切れ味を試したかったと考えられ、相手を一度殺害した後、死体で試したのでしょう。そして、折れてしまったナイフには何の未練もないので、部屋に捨てていったと思われます。抵抗できない死体は、サイコパスにとって、**更なる欲求や好奇心を満たすための道具**でしかないのです。

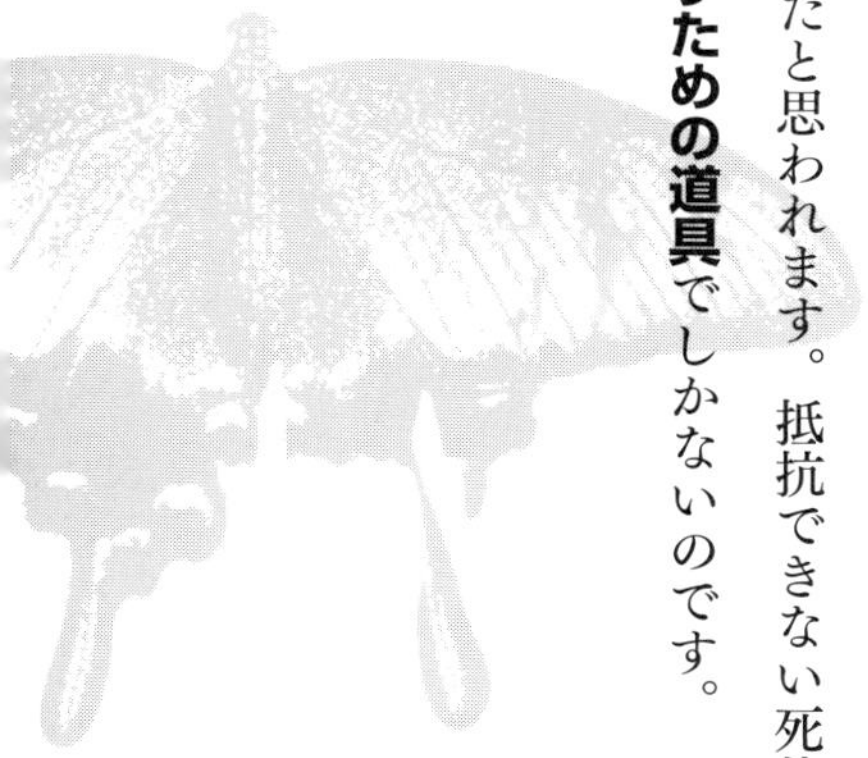

あなたのまわりにいませんか?

サイコパスの口癖

これやって、何の意味がある?

▼▼▼単純作業などを極端に嫌い、続けられない

NO.007

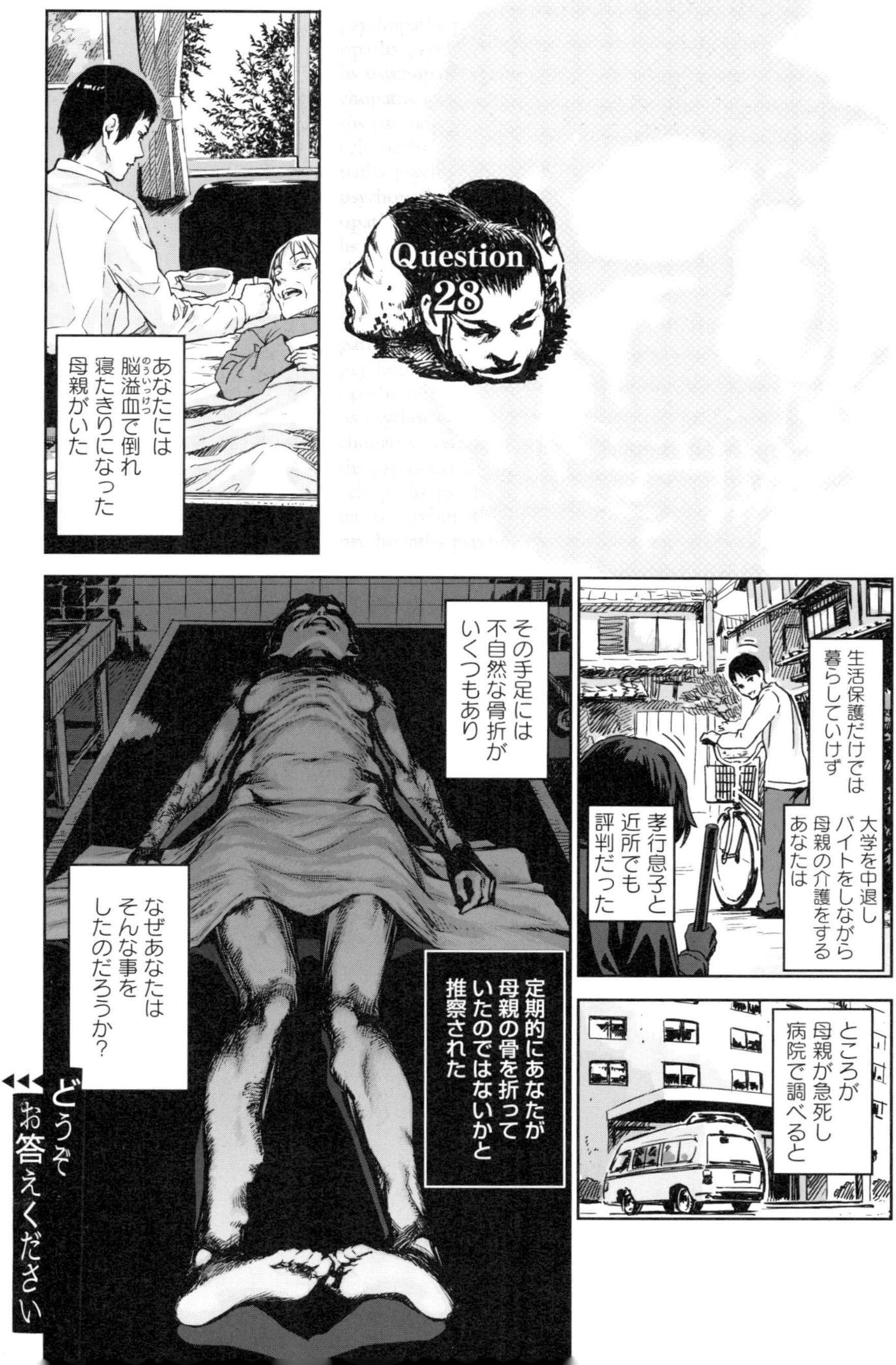
Question 28
あなたには
脳溢血《のういっけつ》で倒れ
寝たきりになった
母親がいた
生活保護だけでは
暮らしていけず
大学を中退し
バイトをしながら
母親の介護をする
あなたは
孝行息子と
近所でも
評判だった
ところが
母親が急死し
病院で調べると
その手足には
不自然な骨折が
いくつもあり
定期的にあなたが
母親の骨を折って
いたのではないかと
推察された
なぜあなたは
そんな事を
したのだろうか？
どうぞ
お答えください

・母親が嫌いだった
・辛い介護の八つ当たり
・生活保護をもらい続けるため
などと答えた方は正常です
異常者の回答
可哀相な孝行息子を
演じ続けるため

解説

多分、はじめは脳溢血で倒れた母親の介護を普通にしていたと思われます。ところが、それが近所で評判になって褒められると快楽となり、その状態を維持しようと思ったのでしょう。〝自分はかわいそうな息子（娘）である〟というカタルシスを得ながら、**モチベーションを維持するために、母親の症状を悪化させる**行為に走ったのです。

こうした行為は〝代理ミュンヒハウゼン症候群〟とも呼ばれ、子供の頃に親から虐待を受けたあげく、極端に褒められてこなかったコンプレックスが原因になっていると言われています。あなたの場合、虐待されたことへの復讐の可能性もありますが、介護を続けている所を見る限り、理由としてそれが占める割合は少ないと考えられます。

海外では介護する姿を褒められたいサイコパスにより、母親が自分の子供を薬物で寝たきりにしたり、看護師が入院患者を治療中に重症化させたりなどの事件があります。

サイコパス10タイプの見破り方

・基本的に気まぐれ
・人をモノのように扱うことがある
・落ち込むとすぐにヤケ酒する
・気分が落ち込むと無断欠勤する

NO.007

気まぐれタイプサイコパス

解説

このタイプは感情の上下が激しく、周囲を悩ませるような突飛な行動を取ることがあります。ヤケ酒すると意識を失うまで飲み続け、性格が豹変することも。サイコパスのなかでも猟奇性が低いと考えられますが、泥酔しきったときの異常な行動には注意が必要です。

実在の凶悪犯でいうと……

禹《ウ》範坤《ボムゴン》（1955〜1982）

泥酔して50人以上も殺したといわれる韓国犯罪史上最悪の大量殺人鬼。

Question 29
あなたは超イケメンの先輩から告白され付き合う事になった
ところが付き合い始めて間もなく
……
彼が元カノからストーカー行為を受けるようになった
部屋にはいつ忍び込んだのか彼女の爪が残され
戻って来て でないと あなたを 殺すの!!!
脅迫文まで届くようになった
電話や待ち伏せ
疲れ果て頭を抱えている彼のことを あなたならどうやって守るだろうか?
どうぞお答えください

・警察に相談する
・引っ越す
・元カノに抗議する
・彼を救うため別れる
などと答えた方は正常です
異常者の回答
元カノに見つからない場所に彼を監禁する

解説

サイコパスの場合、**自己の利益や欲望を優先して守ろうとします**。彼を元カノにとられて（殺されて）しまうことは、あなたにとって何に変えてでも避けたいことで、自己の欲望を守りつつ、確実に元カノから彼を守れる方法は「彼の監禁」となるわけです。もし監禁してもダメだと判断した場合、元カノに渡さないため〝彼を殺してしまう〟という回答もありますが、よもやそう答えた方は……いらっしゃいませんよね？　ちなみにこの元カノもたぶんサイコパスでしょう。

サイコパスの口癖
あいつ、死ねばいいのに。

▼▼▼意味もなく他人を攻撃する言葉を放つ

NO.008

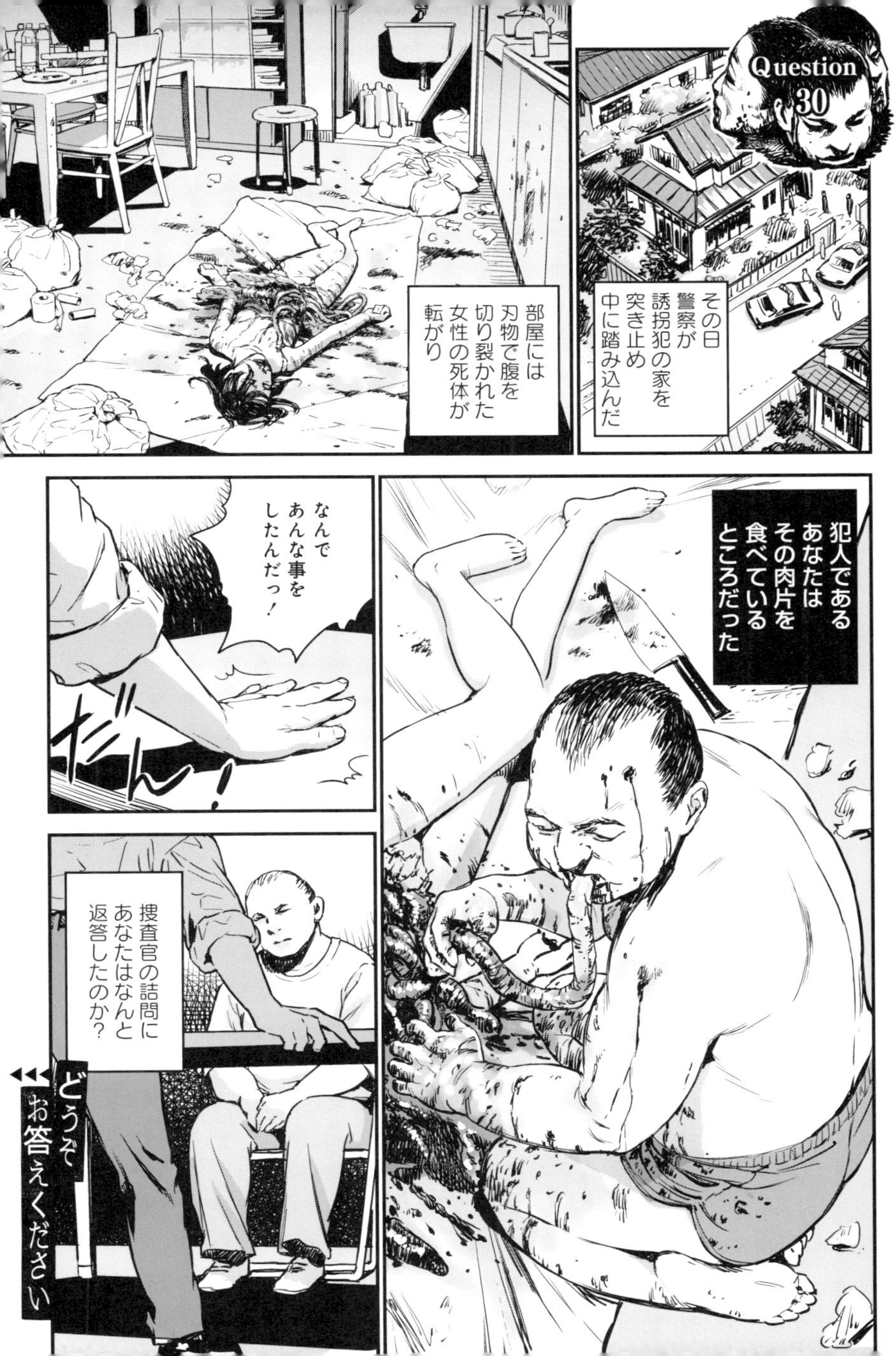
Question 30
その日警察が誘拐犯の家を突き止め中に踏み込んだ
部屋には刃物で腹を切り裂かれた女性の死体が転がり
犯人であるあなたはその肉片を食べているところだった
なんであんな事をしたんだっ!
だん!
捜査官の詰問にあなたはなんと返答したのか?
どうぞお答えください

・神からの啓示
・電波が飛んできた
と答えた方は次ページAへ
殺した感動を食べることでふたたび味わう
食べることが殺したことへのご褒美
と答えた方は次ページBへ
ただ食べてみたかった
と答えた方は次ページCへ

解説

A
まだ正常な判断と回答ができるようですので、たぶん大丈夫だと思われます。

B
人を殺すことに意義があるという趣旨の回答です。
人が死ぬことや死んでいく様子を見ることが楽しくて仕方ないあなたは、シリアルキラー（快楽殺人者）の素質があります。

C
食べることに意義があるという趣旨の回答です。
人を食べるという究極の欲求を抑えることのできないあなたは、カニバリズム（人肉嗜食《ししょく》）の素質があります。

サイコパス10タイプの見破り方

・何らかの恐怖症を抱えている
・いつものように不安に駆られている
・強迫観念にとらわれて理解不能な行動をすることがある
・自身のことに対して何かと心配性

おどおどタイプサイコパス

NO.008

解説

何らかの恐怖症を抱えており、突発的に重大な犯罪に走ってしまうタイプ。左記に紹介するチャールズ・ユクルは極度の女性恐怖症で結婚した妻と性行為ができずに悩んでいたが、自身がピアノを教える女生徒を殺害して死姦しました。常に何かに怯えているようなサイコパスです。

実在の凶悪犯でいうと……

チャールズ・ユクル（1935～1982）

女生徒を殺して死姦。逮捕前から自殺未遂を繰り返していたが独房で初めて成功した。

Question 31
あなたは連続殺人犯
夜な夜な娼婦を殺しては近くの渓谷にその死体を捨てている
一昨日も娼婦を殺して捨ててきたが
思い立ったあなたは渓谷へ引き返し
死体の腹を割き内臓と性器をタオルにくるんで持ち帰ることにした
途中 あなたは信号待ちで車を止めると
おもむろに膝に置いたタオルを開いた
いったい何をするつもりだろうか?

どうぞお答えください

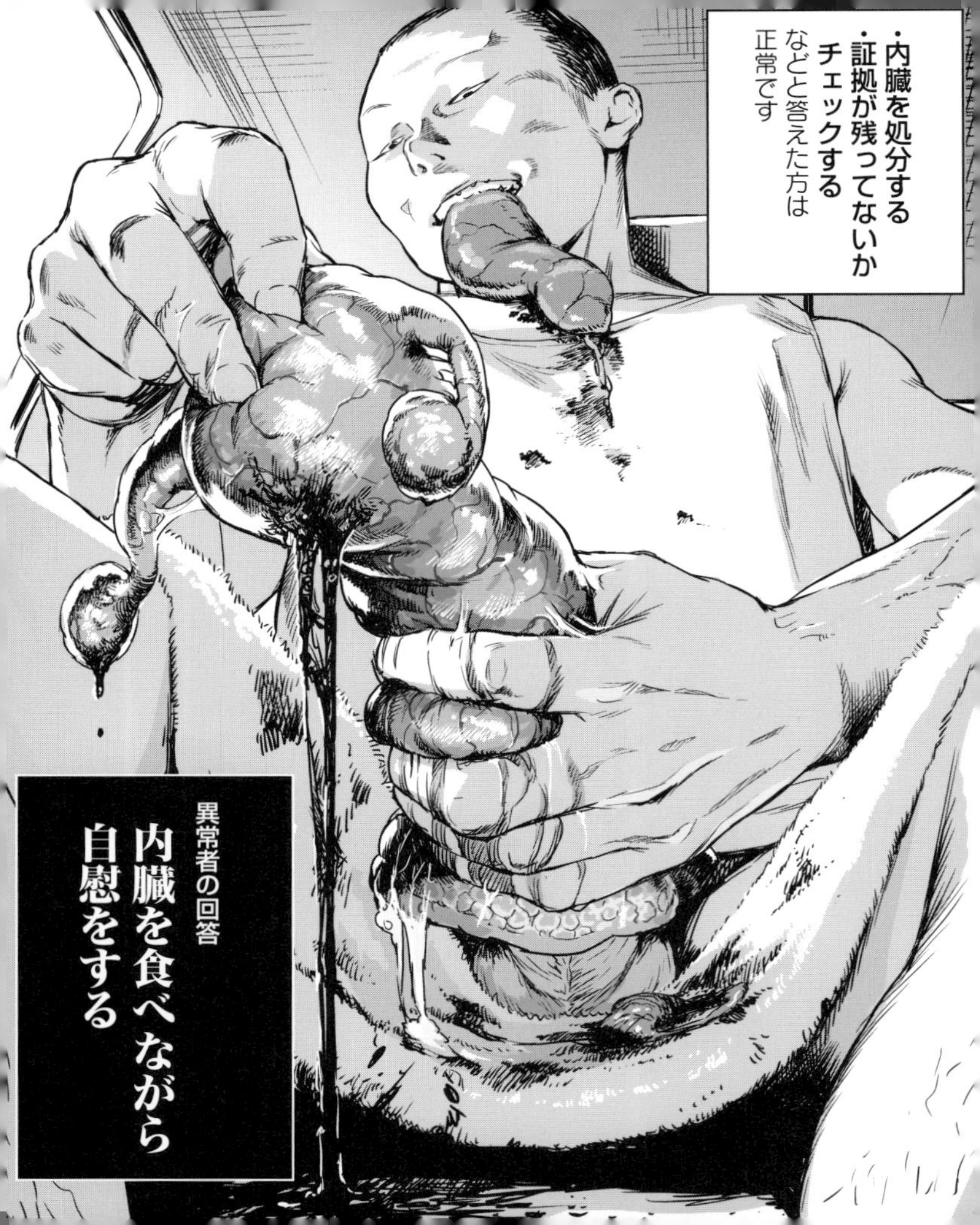
・内臓を処分する
・証拠が残ってないかチェックする
などと答えた方は正常です
異常者の回答
内臓を食べながら自慰をする

解説

この事例は1988年にアメリカで起きたサイコパス事件で、『ジェネシー川の殺人鬼』と呼ばれたアーサー・ショークロスがした行動です。

ショークロスは11件の殺人を犯し、信号待ちの最中、最後の犠牲者の内臓を食べはじめ、それらをかみ砕きながら自慰したといいます。ふと我に返ると、バックミラーには顔中血みどろになった自分の顔が映っていたと本人が証言しています。

一説では、ショークロスは幼少期に繰り返し受けた性的虐待、ベトナム戦争で受けた**PTSDなどが原因となって、カニバリズム思想や死体への性的興奮などが芽生えた**とも言われています。

サイコパスの資質を持った人間がこうした負のきっかけを与えられてしまうと、歴史に名を残すような殺人鬼になってしまうこともあるのです。

サイコパスFILE No.004

アーサー・ショークロス

（1945～2008）

アメリカ・メイン州生まれ。9歳のころに両親が不和となり家庭が崩壊。幼少期は母に性的虐待を受けるようになり、さらには見知らぬ男にレイプもされた。ベトナム戦争で食人を経験。1969年に帰国後、後遺症に悩みカウンセリングに通うものの、犯罪行為は次第にエスカレート。窃盗、婦女暴行、放火などの罪で懲役18ヵ月から5年という実刑を受ける。1972年に出所後、森の中を歩いていた際、10歳の少年と出会い、衝動的に暴行した。首の骨が折れた少年はほぼ即死。近くに死体を埋めたが、その夜に掘り起こして首のない少年の死体を犯した。その4ヵ月後には8歳の少女が溺れているのを助け、レイプ。家に持ち帰って性器や乳房を切り取って食すなど、数々の女性を殺害。2008年に獄死した。

某フレンチレストランでシェフを務めるあなた。
結婚したばかりの友人・C村を招いて
フルコースをごちそうすることにした。
実はあなたは10年前からC村の妻に熱をあげており、
C村に横取りされたと思い込んでいた。
そこであなたは毒を盛って殺害することを計画。
そのために店へ招待したのだった。

あなたが致死量の毒を盛ったメニューは
なんだったのであろうか？

◀◀◀どうぞお答えください

どのメニューでも1品だけ

答えた方は正常です。

ANSWER

異常者の回答

すべてのメニューに毒物を分割して混ぜた

解説

ただ殺すだけでは物足りないのがサイコパスの大きな特徴です。またC村の妻に強い執着を抱いているので、C村の苦しむ姿を見たいと考えるでしょう。簡単に致死量を与えるのではなく、徐々に弱っていく姿を見ることであなたは優越感を覚えたはずです。

新人教師のあなたは、初めてクラスの担任を任された。
まず最初に学級委員長を決めることに。
生徒の話し合いに任せたものの、いっこうに決まらない。
多数決では不公平だとも言い出す始末。
困ったあなたは自分が指名することにした。

あなたはどんな生徒を学級委員長に任命しただろうか？

どうぞお答えください

・優秀でマジメな生徒
・クラスの人気者
・イケメン（かわいい）生徒

などと答えた方は正常です。

ANSWER

異常者の回答

特徴がまったくない生徒

解説

普通の人は、名前や顔の形などで他人を認識しています。しかし、サイコパスの場合、**他人にまるで興味がないため、名前や顔すらも忘れがちで間違えてしまう**ケースが多く見られます。あなたの場合は名前にも顔にもまったく特徴のない生徒を学級委員長に選ぶことでその子を覚えようとしたと考えられます。

奇妙な連続殺人事件が発生した。
被害者は3人で、性別や年齢に共通点はない。
ただし、そのどれもが透明な窓があるエレベーターで行なわれ、
手足を縛られた状態で発見されていた。
しかし、世間を恐怖に陥《おとしい》れた犯人のあなたは
警察の努力によって無事に逮捕された。
動機はなく衝動的な殺人だったという。

いったいなぜ、
あなたはエレベーターで殺人を行なったのだろうか？

どうぞ お答えください

・発見を早めて世間を驚かせたかった
・警察への挑戦
・誰かに見られるスリルを楽しみたかった

などと答えた方は正常です。

ANSWER

異常者の回答

外から苦しむ姿を見たかったから

解説

快楽殺人者は、**あらゆる視点で自らの犯行を見てみたいと願う**傾向が強くあります。犯行は他者への影響などを考えるのではなく、あくまで自分の功績として楽しみたいのです。あなたはそのような快楽殺人者ならではの願望をかなえるため、致命傷を与えたのちに外部からエレベーターのボタンを押して眺めていたと考えられます。

Question 35

ある公園でバラバラになった死体が発見された。
あちらこちらでそれぞれの部位が見つかったが、
どんなに探しても2ヵ所だけ見つからない。
まだ犯人は逮捕されておらず、
被害者も特定できていない。

いったいどこが見つからないのだろうか？

どうぞお答えください

・手
・脚
・頭

などと答えた方は正常です。

ANSWER

異常者の回答

目、歯、爪など

解説

快楽殺人者が死体をバラバラにする目的はいくつかありますが、そのうちのひとつに**証拠隠滅**があります。目や歯の治療痕から被害者が特定されることは有名です。そして、爪には抵抗された際に加害者の皮膚が残されている可能性があります。頭部と手と答えた方も特定されない目的であればサイコパスかもしれません。

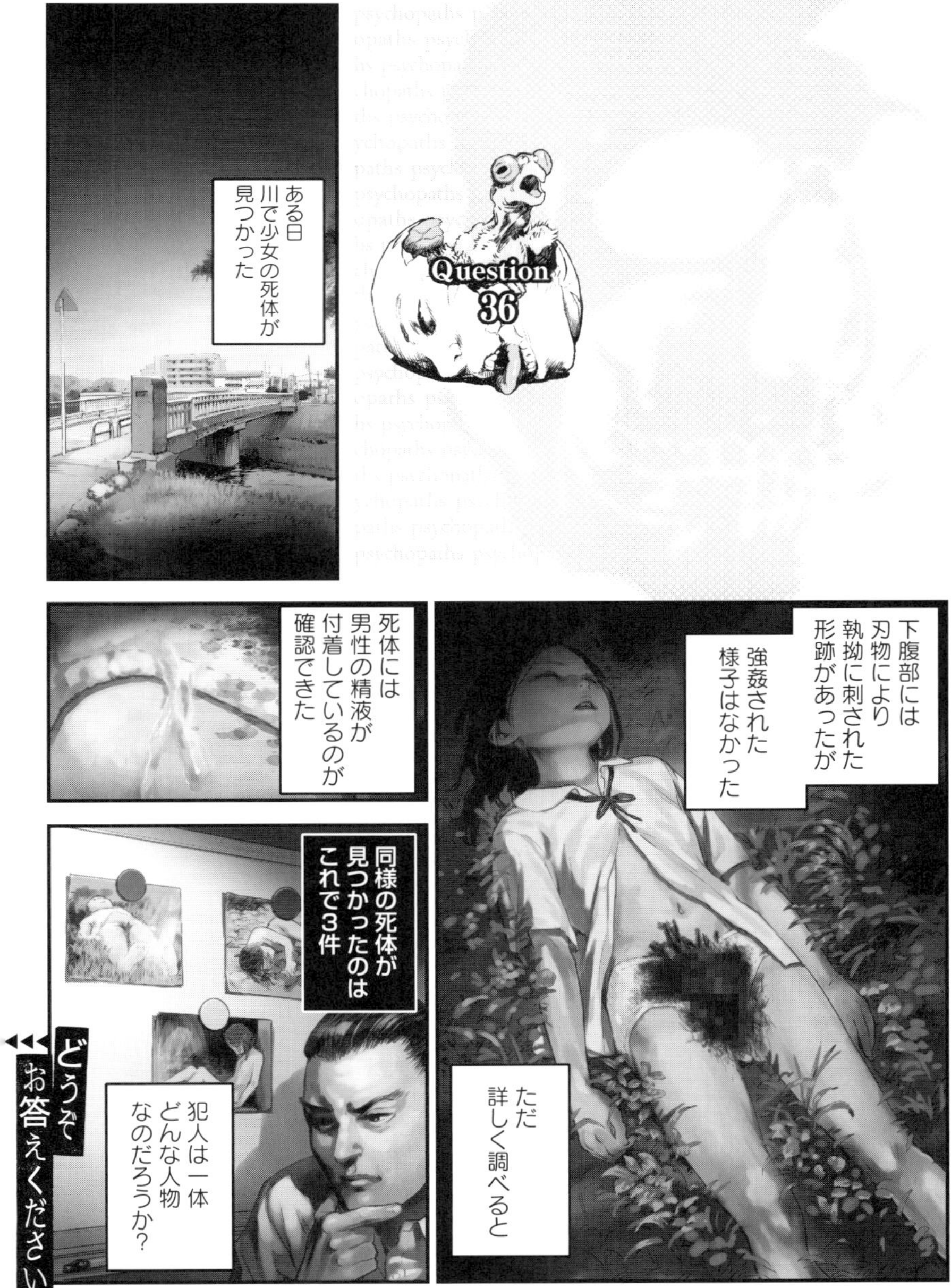
Question 36
ある日
川で少女の死体が
見つかった
下腹部には
刃物により
執拗に刺された
形跡があったが
強姦された
様子はなかった
ただ
詳しく調べると
死体には
男性の精液が
付着しているのが
確認できた
同様の死体が
見つかったのは
これで3件
犯人は一体
どんな人物
なのだろうか?
どうぞお答えください

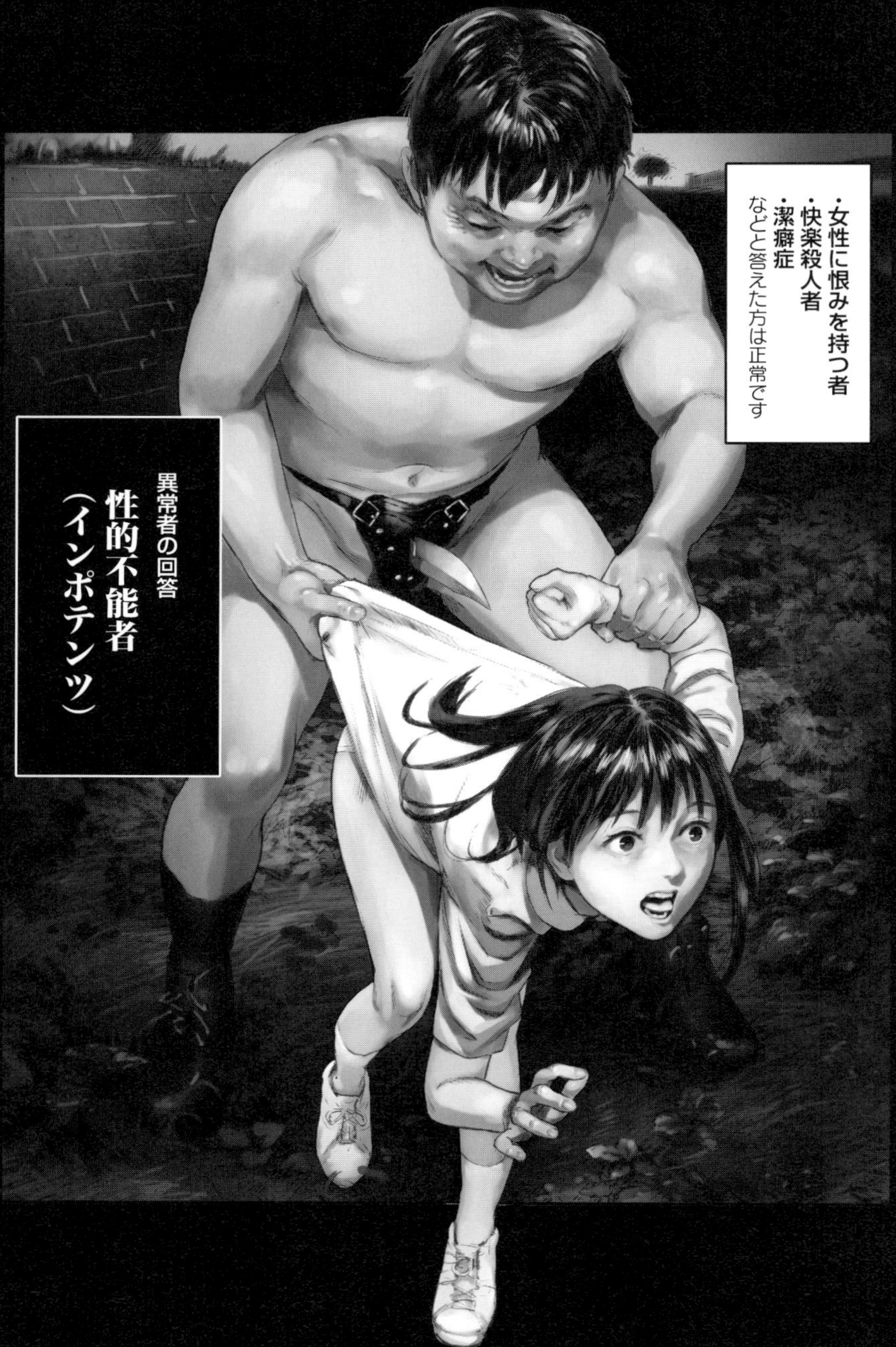
・女性に恨みを持つ者
・快楽殺人者
・潔癖症
などと答えた方は正常です
異常者の回答
性的不能者（インポテンツ）

解説

この事例は『ロストフの殺し屋』、アンドレイ・チカチーロの起こした事件を基にしています。

10代にしてインポテンツだったチカチーロは、女性との性的交渉がうまくいかないことにコンプレックスを感じていました。42歳の時、9歳の少女を強姦しましたが交渉できず、少女を殺害。性器周辺を刺した際に性的興奮をし、射精したことから、以後52人の女性や少女を殺しては、その性欲を満たすようになります。後にチカチーロは、**性欲よりもその殺人行為こそに喜びを感じる**ようになっていきました。長年の性的コンプレックスが、思わず犯した事件をきっかけに、眠っていたサイコパスを目覚めさせ、後の猟奇殺人へと駆り立てた特異な事例といえるでしょう。

逮捕後、チカチーロは「どうやって相手を苦しめるか、次から次へとアイディアが湧いてきて、実行するのが追いつかないほどだった」と語ったと言われています。

アンドレイ・チカチーロ

（1936～1994）

ウクライナ共和国スムスカヤ州生まれ。1978年から1990年に渡って、52人の女性・子供を殺害した旧ソ連の殺人鬼。彼は生まれつきの勃起不全であり、加えて乳首が異常に大きかったために、幼少期は周囲から「おかま」と呼ばれて蔑まれていた。初体験の女性にもからかわれて言いふらされた経験から、彼は女性に対する激しいサディズムを抱くようになり､抵抗している女性を無理矢理犯すことを夢見ていた。そして1978年、9歳の少女をレイプしようとし、殺害して以降は売春婦を相手に次々と快楽殺人を決行。食人にも目覚め、内臓や性器を切り取ってその肉を食べるようになった。社会主義国家でシリアルキラーは存在しないという先入観から捜査は遅れに遅れ、ようやく1990年に逮捕。1994年、銃殺刑に処された。

Question 37
あなたの妻は男を作って出て行ってしまった
残されたのはあなたと幼いふたりの娘
しかし男のあなたには仕事をしながら
ふたりを育てるのは困難だ
何度か連絡をしたが
妻は知らぬ存ぜぬを決め込み戻ってこようとしない
母のいない寂しさを隠しながらあなたに懐く娘たちを見ながら
あなたはどうしますか?

どうぞお答えください

異常者の回答
まず
娘をひとり殺す
・児童養護施設に
あずける
・妻や相手の男に
危害を与える
などと答えた方は
正常です

解説

ふたりの娘が不憫だと思うあなたは、娘をひとり殺して妻が帰ってくるのを待ちます。サイコパスの人間は**非常に利己的で、自らの責任という感覚が欠如**しています。なので、その多くは自分が起こした行動は全て他人のせいだと思う傾向があります。

あなたはふたりの娘を育てることができない状況にあります。ということは、この状況下で娘が死ぬ（殺される）のは、娘を置いていった妻のせいだと考えるわけで、娘が死ねば「自分が悪かった」と妻が戻ってくる（もうひとりの娘を引き取ってくれる）はずと思っているのです。無責任で、自己の利益に忠実なのもサイコパスの特徴です。

もし、娘が死んでも妻が帰ってこなかったら？　当然もうひとりの娘も殺します。なぜなら、娘が死ぬのは自分のせいではないのですから……。

あなたのまわりにいませんか?

サイコパスの口癖
だって、おもしろいから。

▼▼▼ 考えよりも先に行動してしまう

NO.009

Question 38
あなたは学校で酷いイジメに遭っていた
周りが皆見て見ぬ振りをするなか
クズ
救いの手を差し伸べてきたのは幼馴染みの女の子だった
彼女との出会いによって学校でのイジメもなくなり
あなたの毎日はがらりと変わった
そんなある日あなたは彼女を自宅に呼ぶと
あっさりと殺してしまった
恩人である彼女を殺した動機はなんだろう?
どうぞお答えください

とにかく殺して
みたかったから
↓殺人衝動の欲求が
抑えられない
サイコパス

解説

この手のサイコパスは、**幼少期に芽生えた欲求が、成長と共に抑えきれなく**なり、身近な者にその矛先を向ける事が多いといえます。一番単純なサイコパスであり、その欲求が殺人に向けられなければ、周りの迷惑を顧みない熱狂的なマニア（ファン／コレクター）としか見えませんが、それだけに社会に溶け込んでいる怖さがあります。近年、日本で起きた未成年者による同級生殺害事件などは、これに当たるでしょう。

好きだからこそ殺してみたかった
↓倒錯思考のサイコパス

解説

幼少期に何らかの精神的トラウマを植え付けられた場合、行動理念に倒錯が見られる場合があります。特に虐待された際に「虐待」＝「自分を想ってくれる」と歪曲して解釈してしまうと、危害を加えることに罪悪感を持たない人間に育つ場合があります。連続猟奇殺人の犯人にはこうしたタイプが多いと言えます。

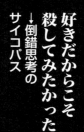

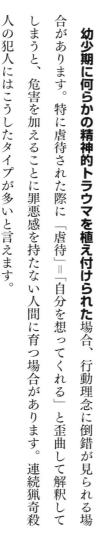

彼女のせいでいじめられなくなってしまったから
↓立場を重視するサイコパス

解説

この手のサイコパスは、**幼少期に自分の立場（ステイタス）を重視する**タイプで、それを破壊する者には容赦しないという思考を持っています。かつて、周囲や家族に医者であると騙《かた》っていた男はその正体がばれた途端、家族を皆殺しにしました。ホームレスだった男はそこから救ってくれた恩人を殺害し、再びホームレスに戻るという事件を起こしています。一般人からは理解不能ですが、彼らにとっては大事なステイタスなのでしょう。

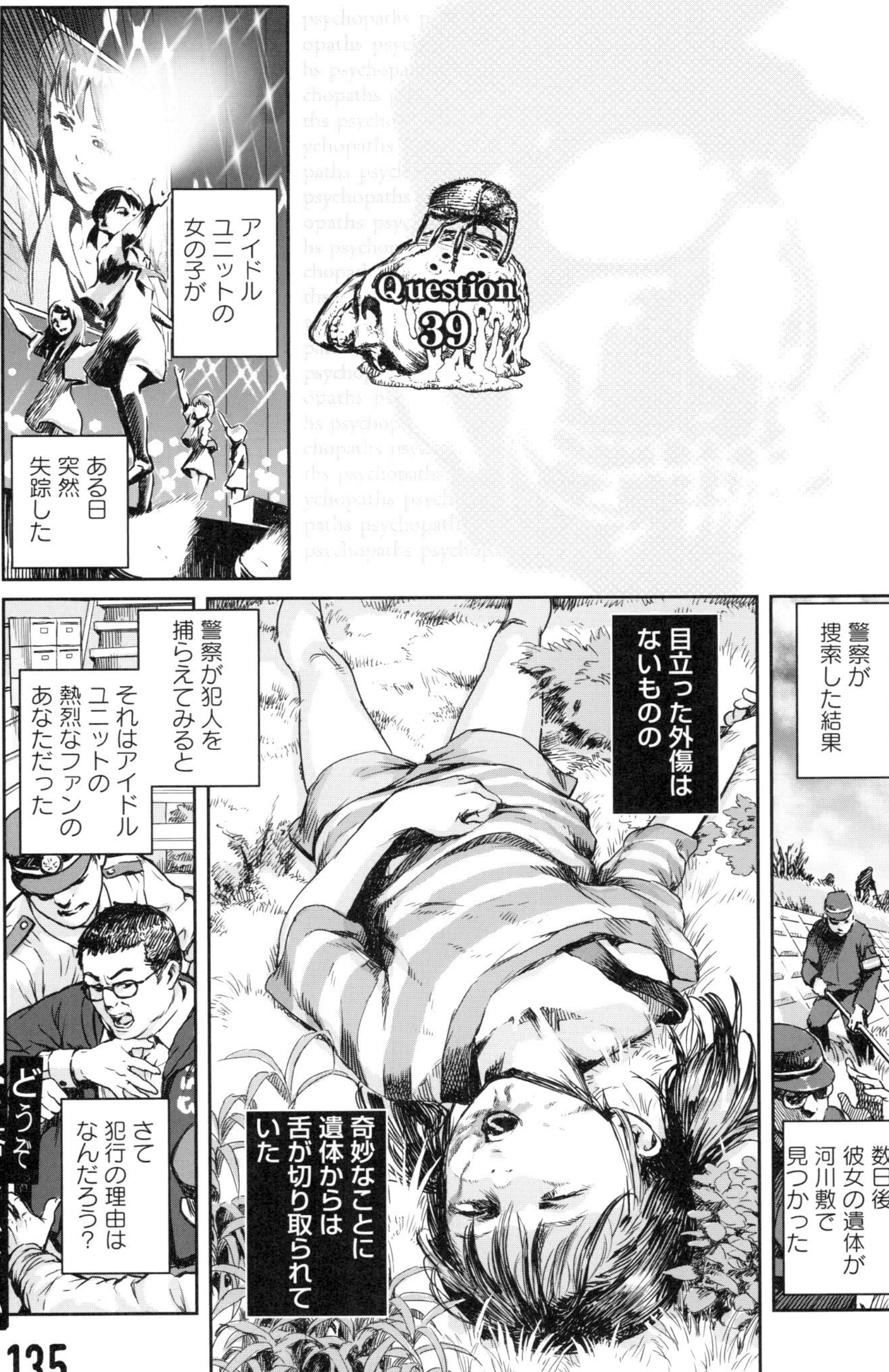
Question 39
アイドルユニットの女の子が
ある日突然失踪した
警察が捜索した結果
数日後彼女の遺体が河川敷で見つかった
目立った外傷はないものの
奇妙なことに遺体からは舌が切り取られていた
警察が犯人を捕らえてみると
それはアイドルユニットの熱烈なファンのあなただった
さて犯行の理由はなんだろう?
どうぞお答えください

・自分が好きなメンバーにとって彼女の存在が邪魔だったから
・彼女が嫌いだったから
・彼女の熱狂的なファンで殺して自分のものにしたかったから
などと答えた方は正常です
GAPPA
異常者の回答
彼女の歌が下手だったから

解説

サイコパスは**犯行を行った後、何らかの形で自らの意思表示を現場に残します**。それは犯行の動機であり、目的でもあります。

舌を切り取ったのは、おそらくあなたは殺された彼女の歌声は、アイドルユニット全体のレベルを落とすと思っていたからでしょう。この行為は彼女への罰と犯行の意図を世間に知らせる意味があると思われます。

サイコパス10タイプの見破り方

NO.009

・自分に異常なまでに自信がない
・集中力や記憶力にとぼしい
・常に客観的な立場から物事を言う
・自分の体に著しく不満な部位がある

▼▼コンプレックスタイプサイコパス

解説

自分に対して自信がないサイコパスは、ほとんどの場合で体の部位に対する強いコンプレックスを抱いています。たとえば、ジョン・ダフィーは極端に身長が低いことを病的に気にしており、長身の男とコンビを組んでレイプを繰り返しました。コンビ解消となってからは強姦殺人に手を染めたのです。

実在の凶悪犯でいうと…… ▼▼ジョン・ダフィー（1956～）

低身長のコンプレックスを発端に強姦殺人を行なうようになった。現在も服役中。

Question 40
あなたは以前から反《そ》りの合わなかった上司を殺した
自分が犯人だとばれないように綿密な計画を立てたうえでの犯行で
死体は見つからないように人里離れた山中に埋めた
ところが翌日
あなたは朝早く会社を訪れると
埋める直前に撮った死体の写真を
会社のポストに投函した
それはなぜだろうか?
どうぞお答えください

・事件を早く知らせるため
・別の人物の犯行に思わせるため
などと答えた方は正常です
祝 部長死
祝 死去おめでとうございます
異常者の回答
早く会社の人に写真を見せて喜んでもらいたかったから

解説

一部のサイコパスには**自らの価値観＝周囲の価値観**と思う傾向があります。つまり、自分にとって不要な上司は、会社にとっても不要。ならば、上司の死は周りから歓迎されるはず。しかし、計画通り遺体を埋めてしまっては、事件が明るみに出るのに時間がかかってしまいます。そこで、遺体の写真をポストに投函し、早く会社の同僚たちに喜んでもらいたいと思ったのです。

犯行がばれないように立てた緻密な計画とはあきらかに矛盾しますが、うかつなほどに周りの反応を期待するのがサイコパスの心情だったりします。

サイコパスの口癖
〝今〟がもっとも輝いていたい。

▼▼▼長期的な計画を立てることなく、欲望優先で行動する

NO.010

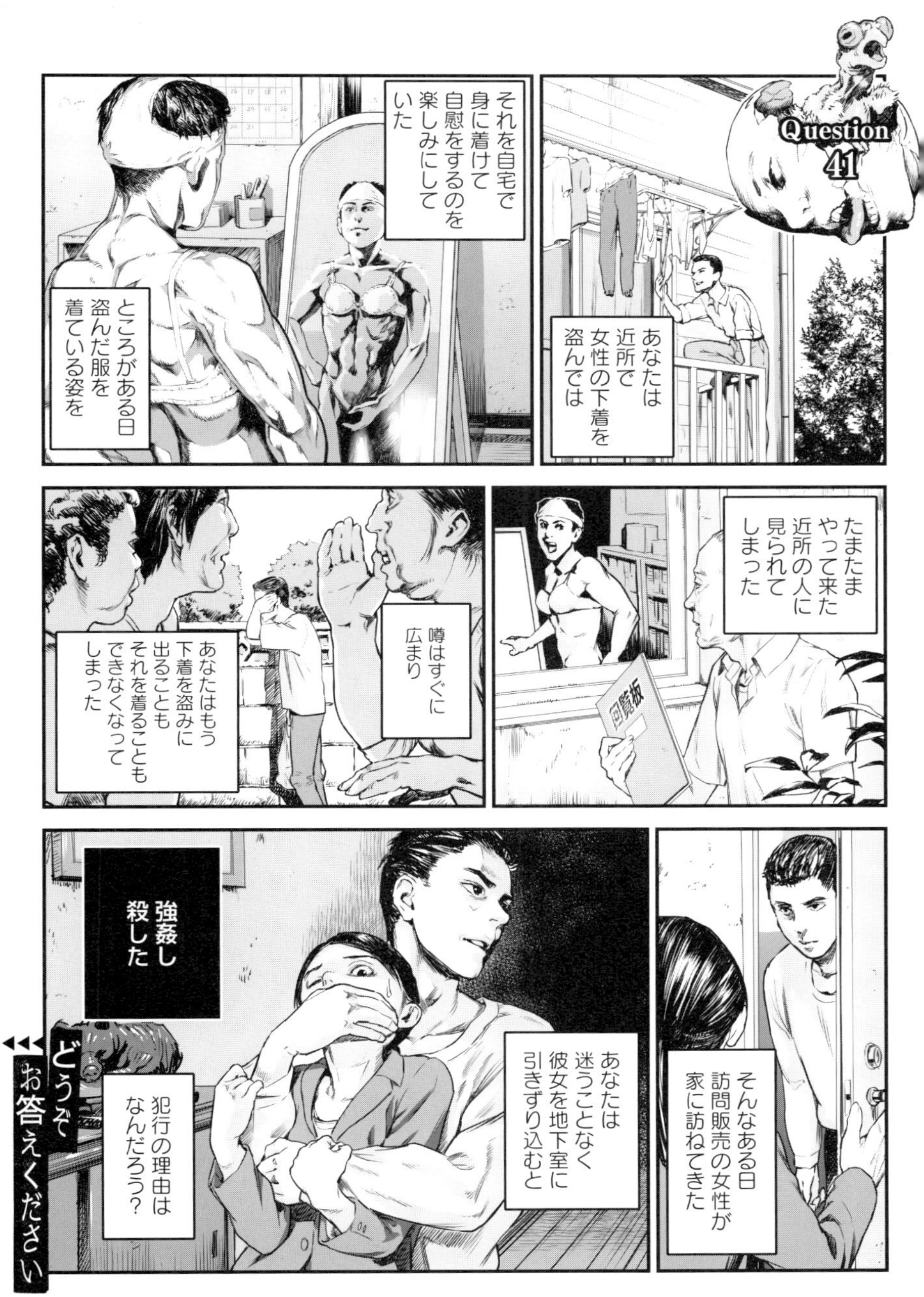
Question 41
あなたは近所で女性の下着を盗んでは
それを自宅で身に着けて自慰をするのを楽しみにしていた
ところがある日盗んだ服を着ている姿を
たまたまやって来た近所の人に見られてしまった
回覧板
噂はすぐに広まり
あなたはもう下着を盗みに出ることもそれを着ることもできなくなってしまった
そんなある日訪問販売の女性が家に訪ねてきた
あなたは迷うことなく彼女を地下室に引きずり込むと
強姦し殺した
犯行の理由はなんだろう？
どうぞお答えください

・その女性に欲情したから
・新しい下着を手に入れるため
などと答えた方は正常です
異常者の回答
(着衣の女性で)性欲を満たし
殺した後は
死体にコレクションを
着せるため

解説

この事例は1968年にハイヒールに魅了された殺人鬼、ジェリー・ブルードスが起こしたサイコパス事件になります。

ブルードスは女性の着衣の中でも特にハイヒールに異常な執着を見せ、4人の女性を自宅に引きずり込んでは、強姦の後に殺害。地下室のフックに死体を引っかけて、女性の服やハイヒールを身につけさせ、数日間、その前で自慰を繰り返したと言われています。死体を捨てる前には足を切断し、ハイヒールを履かせるためのマネキンとして足のみを鍵付きの冷凍庫に保管するなど、異常なまでの執着心を見せていました。ブルードスのハイヒールへの異常な執着は、5歳頃から現れていたと言われており、成長すると共にその執着は異常な欲求へと変わっていきました。

猟奇的な事件を起こした犯人の多くは、幼少期の何らかのトラウマが原因だったりしますが、このように**ただのフェチズムだったものが、いつしか抑えきれない狂気に変わる**のもサイコパスの恐ろしさなのです。

サイコパスFILE
NO.006

ジェリー・ブルードス
（1939～2006）

5歳のとき、初めてハイヒールに興味を示したブルードスは順調（？）に変態としての道を歩み始めた。17歳のときには若い女性をナイフで脅し、裸を写真に収めるなどしてハイヒールと下着を収集。一度は精神科病院に収容されたが、のちに釈放された。年下の女性と結婚後も変態性癖は治らず、妻には常に裸でいることを強要。自身は女性用の下着を身につけていた。最初の殺人が行なわれたのは1968年。訪問販売にやってきた女性を気絶させて絞殺。左足だけを切断して手元に残しておいた。その後、2人の女性を殺害して右の乳房と左の乳房を切断して保管。さらに殺害されたもう1人の女性には死後に電流を流されて動くかどうかの実験さえ行なっている。終身刑となり、2006年に獄中で病死。

想像しよう。
あなたがふと空を見上げると
ビルの屋上にひとりの女性がいた。

その女性は何をしているのだろうか？

・飛び降りようとしている
・タバコを吸って休憩している
・愛人を待っている

などと答えた方は正常です。

ANSWER

異常者の回答

黙ってこちらを見ている

解説

サイコパスは**自分の考え方で人の行動を推測**します。通常であれば、屋上にいる女性がひとりでいるところを思い浮かべたとき、その人が何らかのアクションを起こすためにそこにいると考えるでしょう。しかし、サイコパスの場合はその女性が他人に対して、〝これから〟何かをしようとしていると考えるのです。

ある村には遊泳禁止の川がある。
流れが速く、溺れる危険性が高いからだ。
しかし、地元では有名な度胸試しスポットとして
飛び込む若者が後を絶たなかったため、
バリケードが設置された。
何気なくその川の近辺を歩いていたあなたは、
溺れている少年を見つけた。
どうやらバリケードを倒して侵入したようだった。

あなたは、どんな行動をとっただろうか？

どうぞお答えください

・助ける
・通報する
・見殺しにする

などと答えた方は正常です。

ANSWER

異常者の回答

倒されたバリケードを戻して、中に人が入らないようにする

解説

中に人が入らないようにしたのは、子供が溺れ死ぬ様子を誰にも邪魔されず眺めていたいから。**良心が欠如した**サイコパスは、予想外に人の死を目の当たりにしたとき、死体に興味がなかったとしても貴重な体験として観察を続けるでしょう。

夜10時。
あなたは大学の友人であるD田からメールをもらった。
そこには、
『〇〇トンネルはガチで出る。
絶対に深夜0時に近づくなよ、絶対だぞ！』と
書かれていた。
あなたは大のオカルト好き。
〇〇トンネルは有名な心霊スポットで、
以前からD田とは「行ってみたい」と話していた。
あなたは0時にトンネルに行ってみることにした。

そこであなたは何を見ただろう？

・幽霊
・人影
・車

などと答えた方は正常です。

ANSWER

異常者の回答

ナイフを持って隠れているD田

解説

サイコパスは**心霊現象などといったオカルトなどをあまり信じません**。どうしてD田が大のオカルト好きであるあなたにわざわざ「近づくな」とメールしてきたのかを想像します。導き出される答えはたったひとつ。あなたをひと気のない場所に呼び出し、殺そうとしていたと考えるでしょう。

あなたはE志と旅行に来ていたが、
船が遭難して無人島に流れ着いた。
持ち物はパンひときれとサバイバルナイフ。
島をぐるっと周ってみると、
湧き水は発見したが、
食べられそうなものは見当たらない。
周囲にあるのは木や石ばかり。
いつ近くを船が通るかわからない状況だ。

あなたならどうするだろうか？

どうぞお答えください

ANSWER

・パンを独り占めにする
・発狂して殺し合う
・友人を殺して人肉を食べる

などと答えた方は正常です。

異常者の回答

友人にパンをあげて油断させたところでサバイバルナイフで殺して、その肉をエサに魚を釣る

解説

他人の死には無頓着なサイコパスも**自分の死については恐怖を抱く**といわれます。このようにひっ迫した状況下に置かれた場合、サイコパスはなんとか長く生き延びる方法を考えます。友人の肉だけでは日持ちがしませんし、その肉を細切れにして利用するでしょう。

デキる人ほどサイコパス⁉

サイコパスは世にも恐ろしいモンスター。

おそらくそれが世間一般の認識であろう。しかし、近年の研究ではサイコパスの中にも社会的に有能な人物がいる可能性を指摘している。オックスフォード感情神経科学センターの研究員であるケヴィン・ダットン博士が「企業のCEO（最高経営責任者）には強いサイコパス気質を持つ人が多い」という研究結果を発表したのである。

サイコパス研究の第一人者であるロバート・D・ヘアは、サイコパス度をチェックするための診断テストを用いて、経営者と一般人とでその結果を比較した。そして、経営者のほうがあきらかに一般人よりもサイコパス度が高いことを証明したのだ。また、イギリスでは刑務所に収容されている凶悪犯よりも経営者のほうがサイコパス度が高かったという調査結果も報告されている。

そこで、ダットン博士はより調査対象を広げて、あらゆる職業とサイコパス度の関連性を調査。サイコパス度が高い人ほど就きやすい職業のトップ5を発表した。なんと1位企業経営者、2位弁護士、3位マスコミ関係者、4位セールス、5位外科医と、どれも社会的に地位の高い職業ばかりだったのだ。

いったいなぜサイコパス度の高い人々は社会的な成功を手に入れるのだろうか？ そもそもサイコパスは他者に共感することが少なく、同時に人間的な感情が欠落している傾向が強い。また、利己的な性格ゆえに自身にとっての利益を追求することには非常に長けている。ウソがうまく、愛嬌もたっぷりなので、他人から好意的に見られることも多い。

企業経営を円滑に進めるためには、不要な人材は排除しなければならないし、ときには手段を選ばず利益を追求しなければならない（もちろんコンプライアンスの範囲内で）。

これは弁護士や外科医も同様だ。弁護する相手がどれだけ非情な凶悪犯であってもクライアントであることには変わらないし、人の生死を左右する外科医がいちいちプレッシャーを感じていたら、手術もうまくいかないだろう。セールスや営業は、ときに良心を押し殺して商品を売ることも必要だ。

このように現代社会では、サイコパス的な性質がなければ大成できない職業も多いのだ。逆にダットン博士の調査によれば介護士や療法士は、サイコパス度の低い人にもっとも多い職業だという。

まだ検証はなされていないが、おそらく社会に出てサイコパス的な性質を獲得していった人もいるだろう。営業として高いセールスをあげるために、それまで培ってきた良心を捨てる、あるいは麻痺させるということも考えられるのである。

つまり、長い年月と習慣づけを行なえば、誰でもサイコパスになる可能性はあるということだ。

サイコパスは先天的な性質というよりは、周囲の環境などによって形成されていくケースがほとんど。根本的な罪悪感や良心を捨てきらずに、サイコパスの傾向をうまく身につけることができれば、社会的な成功をつかめるかもしれない。

サイコパスは誰もがシリアルキラーになるわけではない。普通の生活を歩む人々にもサイコパスはまぎれている。

彼氏や彼女にウソをついたことはないだろうか？　仕事で商品を売るために一般人を騙したことは？

自分は絶対にサイコパスじゃない。

そう言いきれるのは、ごくわずかな人しかいないのかもしれない。

Question 46
あなたは性的快楽を求めるため
若い男を自宅へ呼び出しては殺しているサイコパス
幸いまだ近所の誰もそのことに気づいていないが
最近自分の周囲をある新聞記者が嗅ぎ回ってることを知った
どうやら行方不明事件と自分に関連があると思っているようだ
死体は見つからないよう自宅の床下に埋めているが
30人以上の死臭は周囲にもれ始めておりこのままでは事件が発覚してしまうかもしれない
さてこの危機にあなたはどうする?
どうぞお答えください

・その場から逃げ出す
・事件が発覚しないよう記者を殺す
などと答えた方は正常です
異常者の回答
記者を呼び出して堂々と語る（釈明する）

解説

サイコパス事件を起こした犯人の多くは、他の犯罪者同様、事件の隠蔽《いんぺい》を図ります。しかし、自分に注目が集まった途端、カメラの前などで雄弁に語り出す傾向があります。なぜなら、サイコパスは**事件が明るみになると、世間が事件や犯人（自分）に対して、どのような評価をしているのか？　ということが気になり、それを知りたい欲求に耐えられなくなる**からです。

日本で起きた猟奇事件の犯人の多くも、事件が発覚するタイミングで記者からインタビューを受けています。犯人自ら匿名でマスコミにメッセージを送った者もいましたし、自分の家に大勢のマスコミを毎日呼んで、事件の謎を解くポイントを語った者すらいました。

最近、テレビ等で逮捕前の容疑者にインタビューした映像が流れるケースが多くなりましたが、それはサイコパスによる事件かもしれませんね。

あなたのまわりにいませんか?

サイコパス10タイプの見破り方

NO.010

▼▼詐欺師タイプサイコパス

・自分をよく見せようとウソをつく
・なるべく他人より目立とうとする
・人を騙しても平気な顔をしている
・ウソを貫き通す努力なら何でもする

解説

どんなサイコパスでもウソをつきやすい傾向にありますが、このタイプの場合は見栄のためにウソをつき続けるので、聞いているほうが何が真実かわからなくなってしまうこともあるでしょう。ウソを貫くためなら人を殺すことさえはばかりません。人をだましても平然としていられる詐欺師などに多く見られるタイプです。

実在の凶悪犯でいうと…… ▼▼**アレン・ルービンシュタイン**(1932〜)

保険金を受け取るために娘夫婦を容赦なく殺害。孫娘はレイプしたのちに絞殺。

Question 47
あなたは性的快楽のため30人以上の若い男を殺したサイコパス
今は死刑囚として収監されているが
無罪を主張し再審請求中だ
事件直後マスコミは事件を大々的に取り上げあなたの心情や異常性を分析したが
どれも見当違いのものばかり
そんなある日あなたの元にファンを名乗る青年から手紙が届いた
気晴らしにとしばらく手紙のやり取りをしていくうち
青年はマスコミの連中とは違いあなたのことを理解していることに気づいた
やがて青年から次のような文面が送られてきた
事件の真相を教えて下さい。
うかつに話すのは再審の審理に影響する可能性もあり得策ではない
さて あなたはどうする?
どうぞお答えください

・縁を切る
・雄弁に語る
・金銭を要求する
などと答えた方は正常です
異常者の回答
刑務所に招待し
面会室で殺す

解説

これは「**最期の犠牲者にするに値する**」という、サイコパス的判断です。アメリカで33人の青少年を殺した『キラー・クラウン』こと、ジョン・ゲイシーが実際に行なった事件です。

収監中にゲイシーは、「人殺しをした本当の理由を教えてあげる」とジェイソン・モスという18歳の少年を刑務所へ招待し、面会室の監視カメラの死角で殺害しようとしました。幸い異変に気づいた刑務官たちによってモスは助け出されましたが、サイコパスは「できるなら、すぐやる」という衝動が抑えられません。事実、多くの事件が準備は周到ながらも、犯行後の処理は杜撰《ずさん》で、そこから逮捕に至る例が多く見られます。この事件によってゲイシーの再審請求は取り下げられ、1994年、ゲイシーは薬物注射によって死刑となりました。

サイコパスFILE
NO.007

ジョン・ゲイシー

(1942～1994)

アメリカ・イリノイ州シカゴ生まれ。父親は病弱なゲイシーを異常なまでに厳しく育て、6歳のときには父に愛犬を射殺された。成長したゲイシーはビジネスマンとして優秀な成績をおさめ、富豪の娘と結婚。1男1女の子供にも恵まれたが、少年へ性行為を強要した容疑で逮捕。実は女性恐怖症になっていたゲイシーはゲイの性癖を隠していた。服役中に家族に逃げられ、父親は死去。孤独になったゲイシーは出所後に青年と一夜をともにした。その翌朝にナイフを持っていた青年を誤って殺害、死体を床下に隠した。その後は起業して成功。ピエロの格好をして孤児院などを慰問するかたわらでレイプ殺人を行なっていた。ピエロになると心が落ち着いたという。33人の犠牲者を出し、1994年に死刑執行。

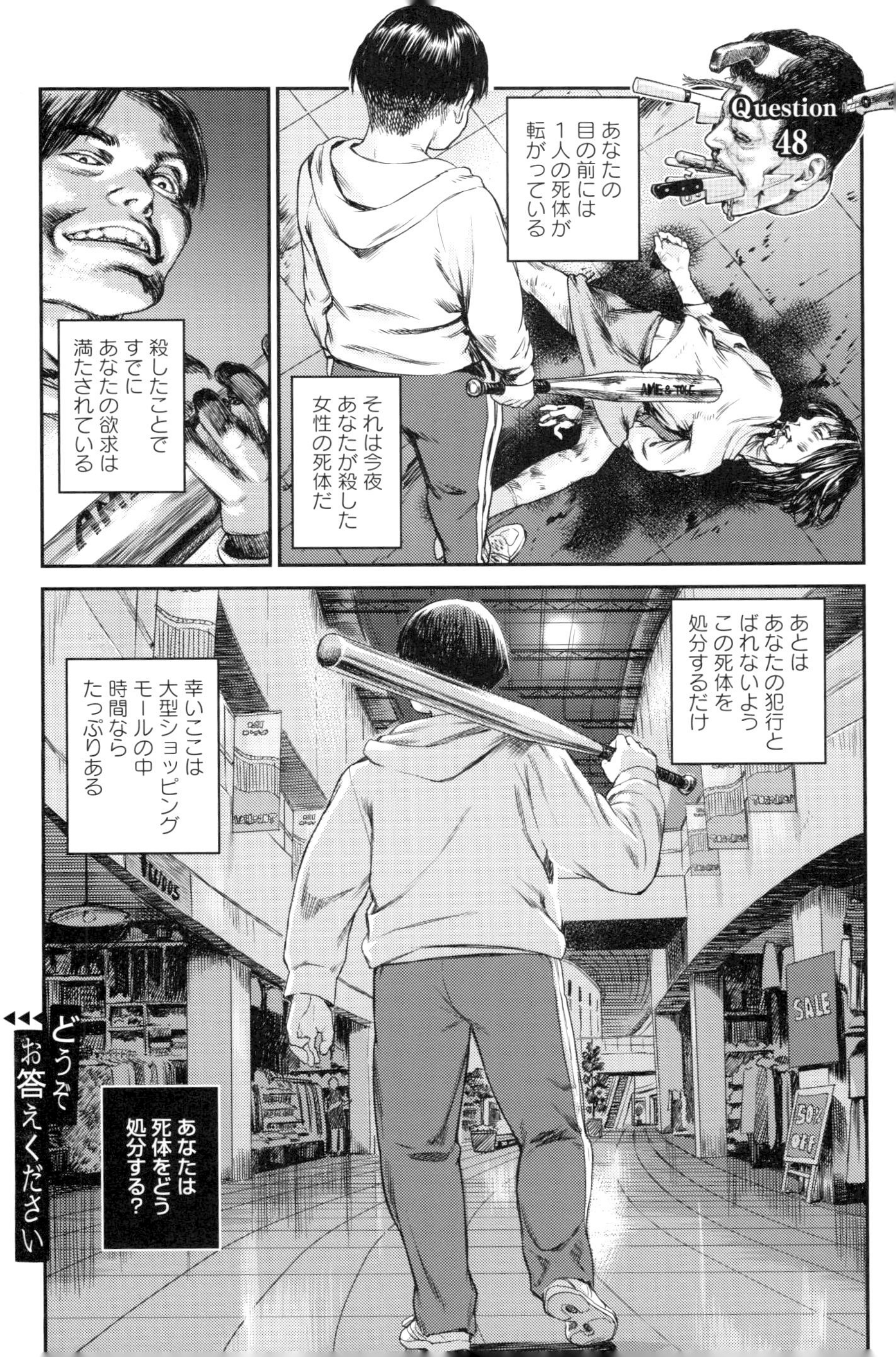
Question 48
あなたの目の前には1人の死体が転がっている
それは今夜あなたが殺した女性の死体だ
殺したことですでにあなたの欲求は満たされている
あとはあなたの犯行とばれないようこの死体を処分するだけ
幸いここは大型ショッピングモールの中時間ならたっぷりある
SALE
50% OFF
あなたは死体をどう処分する?
どうぞお答えください

肉
解体して
食肉売り場に置く
ペットコーナーで
犬などに喰わせる
¥85
¥115

解説

「死体を無くしてしまう」と答えたあなたは、計画的サイコパスといえます。

多くのサイコパスは**犯行に及んだ後の死体処理が杜撰《ずさん》**です。しかし、そんな中、計画的なサイコパスは犯行を発覚しにくくするには「死体を透明（自然な場所と方法で処分する）にすること」だと答えています。

マネキンとして
飾っておく
バラバラにして
入り口に並べる

解説

「あえて死体を人目にさらす」と答えたあなたは、劇場型サイコパスでしょう。

自らの犯行を他人に誇示することで、評価と名声を手にしたいという考え方は、多くのサイコパスの持っている願望なのです。

解説

「死体を持って帰る」と答えたあなたは、反芻型サイコパスと言えます。劇場型とは異なり、**自らの犯行の記憶は自分だけで楽しむ**といったタイプです。死体の部位を保存し、コレクションするタイプもいれば、それを食べて記憶をよみがえらせるタイプもいますが、いずれもそれらの行為で殺人の記憶を反芻して楽しむのです。

あなたの中のサイコパスを決定付ける
20のチェックリスト

THE PSYCHOPATHS CHECK LIST

1. ウソをついても隠しとおす自信がある ―――― □

2. ぶっちゃけ私はプライドが高い ―――― □

3. 興味のないことはだいたい3日で飽きる ―――― □

4. 人から責められても、何が悪いのかまったくわからない ―――― □

5. 映画館で周囲の人間がなぜ泣いているのかまるで理解できない □

6. 友人の話に相づちを打っても内心では共感していない ―――― □

7. お化け屋敷で怖がる人はバカだと思う ―――― □

8. 上司や同僚などが気に入らなかったら、すぐに転職する ―――― □

9. 浮気をくり返している ―――― □

10. 子どものとき、昆虫などを殺して遊んだことがある ―――― □

11. ライフプランなんて自分には関係ない ―――――――― □

12. 欲しいものがあったらすぐ買ってしまう ―――――――― □

13. 仕事でミスがあっても、自分のせいでとは思わない ―――― □

14. 会話のなかで「なぜなら」「だから」をよく使う ―――――― □

15. ニオイをかぎ分けることが苦手だ ―――――――――― □

16. 仕事はよくできるほうだ。または社長などの要職に就いている □

17. 他人におごることが苦痛でしょうがない ――――――― □

18. ネットで炎上コメントを書き込んだことがある ――――― □

19. 自分にふりかかるトラブルはいつも似ている ―――――― □

20. 「誰も自分のことをわかってくれない」とよく口にする ―― □

判定結果はこちら

判定結果

0点	0%	あなたは大丈夫！ 正常な人です。
1~4点	10%以上	かぎりなく正常に近い人です。
5~9点	30%以上	サイコパスの可能性は低いでしょう。
10~14点	50%以上	サイコパスか、あるいはそれに近い考え方の持ち主です。
15~19点	80%以上	サイコパスの可能性が非常に高いです。
20点	100%	あなたは確実にサイコパスです。

いかがだったでしょうか。心理テストで異常な回答が多く、このチェックリストで高得点となってしまった方は、かぎりなくサイコパスに近い存在といえるでしょう。

子供の頃、昆虫や動物を痛めつけたり殺したり、意味もなくイジメた経験はありませんか？　いわゆるシリアルキラーやサイコパス殺人者のほとんどは幼少期に小動物を虐待しています。

サイコパスとしての片鱗は必ずといっていいほど、幼少期から思春期にかけて現れます。小動物への虐待に始まり、万引きや空き巣、そして大人になると強姦や殺人へと興味が移るのです。

サイコパスにはＩＱが高い人も多いといいます。小中学校まで勉強は難なくこなせたが高校・大学でダメになったという方は要注意。いくら知能が高いといっても、自身の利益にならないと判断したものにはまったく興味を示さないので、勉学においては挫折してしまうサイコパスも少なくないのです。

本書でサイコパスかどうかを正確に判断できるわけではありませんが、その狂気を知る機会にはなったのではないでしょうか？

〝正気〟と〝狂気〟の境界線はすぐそこにある――。

怖い心理テスト
あなたの中のサイコパス

2015年11月5日 初版第1刷発行

［著　者］
雨がっぱ少女群
西浦和也

［装丁・本文デザイン］
広谷紗野夏

［編集協力］
鈴木ユータ（株式会社パブリカ）

［編集］
山川典子

［発行人］
後藤明信

［発行所］
株式会社 竹書房
〒102-0072 東京都千代田区飯田橋 2-7-3

［電　話］
03-3264-1576（代表）
03-3234-6239（編集部）

［公式HP］
http://www.takeshobo.co.jp

［印刷所］
共同印刷株式会社

Printed in Japan 2015
ISBN978-4-8019-0516-0　C0076

初出
『怖い心理テスト　あなたの中のサイコパス』
「増刊　本当にあった愉快な話　激ヤバ恐怖スペシャル」（竹書房）
2011年3月22日発売号・7月22日発売号、
2012年1月23日発売号・7月23日発売号、
2013年7月23日発売号、2014年7月22日発売号、
2015年2月21日発売号・7月21日発売号掲載分に
書き下ろしを加え、再構成いたしました。